KB105834

유재석 배우기

유재석 배우기

초판 1쇄 인쇄	2015년 01월 12일
초판 1쇄 발행	2015년 01월 16일

지은이	박 지 종		
펴낸이	손 형 국		
펴낸곳	(주)북랩		
편집인	선일영	편집	이소현, 김진주, 이탄석, 김아름
디자인	이현수, 김루리, 윤미리내	제작	박기성, 황동현, 구성우
마케팅	김회란, 이희정		
출판등록	2004. 12. 1(제2012-000051호)		
주소	서울시 금천구 가산디지털 1로 168, 우림라이온스밸리 B동 B113, 114호		
홈페이지	www.book.co.kr		
전화번호	(02)2026-5777	팩스	(02)2026-5747

ISBN	979-11-5585-454-9 03320(종이책)	979-11-5585-455-6 05320(전자책)

이 도서의 국립중앙도서관 출판예정도서목록(CIP)은 서지정보유통지원시스템 홈페이지(http://seoji.nl.go.kr)와
국가자료공동목록시스템(http://www.nl.go.kr/kolisnet)에서 이용하실 수 있습니다.
(CIP제어번호 : CIP2015000975)

대 / 중 / 문 / 화 / 평 / 론 / 가 / 의 / 리 / 더 / 십 / 탐 / 구

유재석 배우기

박지종 지음

북랩 book Lab

●

소리 높여 외치는 유재석 찬가

대중문화 평론가라는 타이틀을 얻고 나서부터, 아니 어쩌면 그전에 객원기자로 활동하기 시작할 무렵부터, 항상 지키려고 노력하는 원칙이 하나 있다. 내 개인적인 호불호를 글에 최대한 반영하지 말자는 것이다. 내가 좋아하는 것과 싫어하는 것이 글에 영향을 끼치는 순간, 평론가의 임무를 제대로 하지 못한다고 생각했기 때문이다. 물론 100% 객관적인 글이란 존재할 수 없다. 그래서 '완전하게 객관성을 유지하기는 어렵다고 해도, 철저히 객관적이고자 하는 의지와 의도[1]를 지니고 글을 쓰자는 것이 개인적인 결심이었다.

그럼에도 불구하고 내가 쓴 칼럼들은 주관적인 내용으로 가득 차 있다. 어차피 평론이란 자기 나름의 잣대로 파악하고 분석하는 것이기

---

1) 미국 CBS 방송사 보도 기준

때문에, 주관성을 피하는 것은 불가능하다. 따라서 주관적이라 해도 다양한 관점을 가지고, 최대한 공적으로 도움이 되는 의미를 찾아내서, 최소한의 가치라도 지닐 수 있는 글을 쓰려 애썼다. 덕분에 아직까진 개인적 감상에만 빠져 있는 의미 없는 글들을 많이 쓰진 않았던 것 같다. 완전히 가치중립적이진 못해도, '난 이게 좋아.' '난 이게 맘에 들어.' 하는 수준의 칼럼을 쓰지 않을 수 있었던 것에 스스로 감사하고 있다.

그런데 가끔 나의 이런 태도를 깨고자 하는 작품이나 인물들이 나타나 내게 고민을 안겨주는 일이 있다. 막연한 찬양 글을 쓰고 싶게 만드는 작품이나 인물이 나타나는 경우가 제법 있기 때문이다. 특히 작품보다는 인물 때문에 그런 충동을 느끼는 일이 많다. 그럴 때면 그 개인에 대해 막연한 찬양 글을 쓰기보다는, 나름의 의미를 찾아내고 가치를 만들어내어 전달하려고 노력하는 편이다. 큰 의미 없이 '이 작품에서 이 사람 완전 멋져, 짱!', '너무 웃겨요! 대박!' 같은 글을 쓸 수는 없으니까.

이렇게 글에 대한 소재와 주제를 정하는 나의 기준과 방식에 관해 이야기하는 이유는 유재석이라는 인물에 대해 말하고 싶어서이다. 내가 공식적으로 글을 쓰기 훨씬 이전부터 나에게 유재석은 언제나 최고의 연예인이었다. 그가 전해준 재미와 감동은 이루 말할 수 없을 정도로 많았고, 언제나 큰 힘과 위로가 되어주었다. 고백하건대, 난 오래전부터 그냥 유재석의 팬이었다. 그러니 내가 유재석에 대해서 얼마나 글을 많이 쓰고 싶었을지는 구태여 말하지 않아도 충분히 알 수 있으리라 믿는다. 하지만 그럴 수 없었던 것은 바로 위에서 밝힌 나름의 신념 때문이었다. 그냥 '좋은 일 했다.' '바른 일 했다.' '너무 웃긴다.'라고 쓰면 큰 의미가 없는 글이 된다. 그래서 나는 유재석에 대한 글을 쓰고 싶은 욕구가 일어날 때마다 스스로를 다독였다.

참으로 웃기는 것은, 그럼에도 불구하고 한 개인으로서 내 글의 소재로 가장 많이 등장한 인물 중의 하나가 바로 유재석이라는 점이다. 그가 보여주는 태도와 리더십들은 단순히 유재석이 좋다고 밝히는 사랑의 고백이 아니라, 생각해볼 거리를 던져주고 나름의 의미가 있는 글을 쓸 수 있도록 하는 좋은 소재였다. 그에게는 인간으로서 배울 점이 매우 많았고, 덕분에 나는 가끔 그에 대한 글을 쓸 수 있었다.

나는 이렇게 그를 계속 관찰하고, 그가 지니고 있는 태도나 리더십에 대한 것을 글로 써왔다. 그리고 그런 시간을 통해 그를 더욱 사랑하게 됐다. 유재석을 살펴볼수록 배워야 할 점이 너무 많았다. 나는 그것들을 하나둘씩 정리하기 시작했다. 이 책이 바로 그 정리의 결과다.

내가 그의 팬이다 보니 이 책 안에서 그를 찬양했을 수도 있고, 그를 미화했을 수도 있다. 부탁하건대, 그것만큼은 그냥 이해해주기 바란다. 그러나 한 가지 약속할 수 있는 것은, 여기에 나오는 내용이 그냥 유재석을 좋게 보려 한 결과물이 아니라, 실제로 우리가 배울 만한 가치가 있고 생각해볼 만한 가치가 있는 것들이라는 사실이다. 나는 이 내용들을 통해 '유재석 대단하다.'라고 생각하는 사람들이 늘어나기를 바라는 것도 아니고, 유느님을 찬양하는 사람들이 생기는 것을 바라는 것도 아니다. 그저 내가 그랬던 것처럼, 배울 것이 있는 사람으로부터 하나라도 더 배우고, 이를 통해 스스로의 삶이 조금은 더 풍성해지기를 바랄 뿐이다. 부디 이 글이 유재석 씨에게 누가 되지 않기를, 그리고 동시에 읽는 분들의 삶에 조금의 '긍정적인 효과'라도 주게 되기를 바란다.

세상 사람이 다 아는 유재석

유재석에 대해 소개할 필요가 있을까? 그가 몇 년도에 태어났고, 어떤 방송들을 해왔는지는 중요하지 않다. 이미 많은 이들이 유재석이라는 인물을 접했고, 그를 국민 MC로서 잘 알고 있기 때문이다. 그만큼 그는 우리와 가깝게 접해 있는 인물이다.

우리는 내 옆에 있는 누구로부터도 배울 수 있고, 세상의 모든 이들을 스승으로 삼을 수도 있다. 공자는 "세 사람이 길을 가게 되면 반드시 그 중에 내 스승이 있다."[2]라고 말했다. 이 말처럼 우리는 내가 접하는 모든 이들에게 배움을 구할 수 있으며, 그래야 한다. 그러나 그것이 말처럼 쉽지는 않다. 우리는 눈에 띄는 뭔가를 이룬 사람이 아니면 쉽게 무시하는 경향을 지니고 있기 때문이다. 이런 편견은 연예인을 대상으로 할 때 더 커지기도 한다. 예로부터 연예인은 '딴따라'라는 애칭(?)으로 불리며, 대중에게 일종의 무시를 받는 존재였다. K팝이 전

---

2) 삼인행 필유아사언(『논어』)

세계를 휩쓸고 연예인들이 엄청난 부와 명예를 누리는 지금도 이런 인식은 은연중에 존재한다. 따라서 연예인에 열광하지만, 그들에게서 무언가를 배워야 한다고 생각하는 사람은 드물다. 하지만 유재석이라면 어떨까?

나는 이미 오래전부터 유재석의 리더십에 대한 책 한 권쯤은 이미 출판되어 있을 거라고 생각해왔다. 내 블로그에 찾아오는 많은 분이 '유재석의 리더십'을 검색해서 들어온다. 또 유재석의 리더십에 대한 기사도 꾸준히 올라오고 있다. 유재석을 배우자는 이야기는 인터넷상에 널리 퍼져 있다. 그런데 그의 리더십에 대한 책, 그를 본받자는 책은 출판된 것이 없다. 기업을 성공시킨 사람들, 유명한 프로 감독들에 대한 책들은 많이 나오는 데 반해, 근 십 년 동안 국민 MC로 사랑받고 있는 유재석을 배우고자 하는 책은 없었다. 그래서 직접 쓰기로 결심했다.

내가 유재석을 배울 필요가 있다고 얘기하면, 훌륭한 사람이지만 배우기까지 할 필요가 있는 인물인지에 대해 의구심을 제시하는 사람도 있었다. 그가 국민 MC인 것은 알겠지만, 뭔가 대단한 성취를 이룬 사람처럼 배워야 할 사람이라는 생각까지는 들지 않는다는 것이다. 이런 사람들을 위해 내가 유재석을 왜 배우고 싶었는지, 그가 얼마나 배울 만한 사람인지를 먼저 이야기해보려 한다.

유재석은 국민 MC다. 1991년 제1회 KBS 대학개그제 장려상으로 데뷔했으나 그리 큰 반향을 일으키진 못했다. 이후 'KBS 코미디 세상만

사'라는 프로그램의 한 코너인 '남편은 베짱이'에 출연하면서 서서히 알려지기 시작한다. 그러나 그가 제대로 세상에 이름을 알린 것은 '서세원쇼 토크박스'에 출연하면서부터다. 그는 이 방송에서 엄청난 입담을 과시했고, 결국 무명시절을 끝낼 수 있었다. 이후에는 '스타 서바이벌 동거동락', '엠씨 대격돌', 'X맨' 등을 진행하면서 최고의 MC로서 입지를 다져가게 된다. 그리고 마침내 '무한도전'과 '패밀리가 떴다', '런닝맨', '놀러와', '해피투게더'의 메인 MC가 되면서 대한민국 최고의 '국민 MC'라는 칭호를 얻었다. 게다가 그는 맡은 프로그램마다 성공시키는 능력을 보여주었다. 그가 얼마나 성공적으로 자기 일을 해왔는지는 그의 수상 내용을 확인해보면 알 수 있다.

2014	MBC, KBS 연예대상 대상
2013	백상예술대상 TV 부문 대상
2012	SBS 연예대상 대상
2011	SBS 연예대상 대상
2011	MBC 방송연예대상 쇼 버라이어티 부문 남자 최우수상
2011	제53회 전국조정선수권대회 2000m 노비스 에이트 특별상
2010	SBS 연예대상 예능 10대 스타상
2010	MBC 방송연예대상 대상
2010	KBS 연예대상 베스트 팀워크 상
2010	제5회 에이 어워즈 이노베이션 부문
2010	MBC 우리말 지킴이 나무상
2009	SBS 연예대상 대상

2009	MBC 방송연예대상 대상
2009	제21회 한국 PD대상 TV 진행자 부문상
2008	SBS 방송연예대상 대상
2008	MBC 방송연예대상 PD들이 뽑은 최고 프로그램 상
2008	올해의 스타상 개그맨 부문
2008	제89회 전국체육대회 에어로빅 동호인 일반부 6인조 2위
2007	제10회 푸른미디어상 푸른 방송인상
2007	모바일 연예대상 MC상
2007	MBC 방송연예대상 대상
2007	제8회 대한민국 영상대전 포토제닉 상
2006	MBC 방송연예대상 대상
2006	푸른미디어상 언어상
2006	제42회 백상예술대상 TV 부문 남자 예능상
2006	제18회 한국 방송프로듀서 상 TV 진행자상
2005	KBS 연예대상 대상
2004	SBS 연기대상 TV MC 부문 특별상
2003	MBC 방송연예대상 쇼 버라이어티 부문 최우수상
2003	KBS 연예대상 TV 진행 부문 최우수상
1991	제1회 KBS 대학개그제 장려상

1991년부터 2003년까지의 긴 무명시절을 제외하면, 2003년부터 단한 해도 거르지 않고 계속해서 수상한 것을 볼 수 있다. 그가 어째서최고의 국민 MC라고 불리는지 말해주는 증거다. 사실 연예계는 부침이 심한 곳이다. 자기만 잘해서 되는 곳도 아니다. 시청률 1위를 하

던 프로그램이 갑자기 종영되기도 하는 것이 이쪽 세계다(나도 고정으로 방송하다가 갑자기 잘린 적이 있는데, 그 이유가 '너무 어려 보여서'였다. 이걸 좋아해야 할지 슬퍼해야 할지, 도저히 감이 잡히지 않았다). 추세에 따라서 갑자기 큰 인기를 끄는 연예인들이 항상 나왔고, 말도 안 되는 실수로 한 번에 나락으로 추락하는 연예인들도 항상 존재했다. 대중의 입김이 그 어느 곳보다 강한 곳, 그래서 작은 실수조차 용납되지 않을 수 있는 곳(반대로 어떤 실수를 해도 상관없는 곳), 그리고 '미녀들의 수다'사건[3]에서 보듯이, 한 번의 실수가 프로그램의 존폐를 가를 수 있는 곳이 연예계다. 그런 무서운 연예계에서 수년간 한결같이 최고의 자리를 지키고 있다는 것은 찬사를 보내 마땅한 일이다. 이것을 경영 환경에 비추어보면, 유재석이 얼마나 대단한지 더욱 잘 알 수 있다.

『좋은 기업을 넘어 위대한 기업으로』[4]라는 책이 있다. 2001년에 출판된 세계적인 베스트셀러인 이 책에서는 '패니메이'라는 회사가 소개되고 있다. 이 회사는 책에서 말하는 'Great'한 회사, 즉 위대한 기업 중의 하나로서 언급됐다. 그런데 이 회사는 2008년 서브 프라임을 겪으며 순식간에 망한다. 주식 가격은 주당 1달러도 안 될 정도로 폭락

---

3) '미녀들의 수다에서 남자 키가 180cm가 넘지 못하면 '루저'라는 발언이 방송되었는데, 이 발언이 큰 논란을 불러일으켰다. 동시간대 시청률 1위를 하던 인기 프로그램 '미녀들의 수다'는 이 사건으로 인해 종영되었다.

4) *Good to Great*. 짐 콜린스

했고, 심지어 정규 주식 시장에서 퇴출당하기까지 했다. 세계적인 베스트셀러에서 위대한 기업으로 평가된 회사가 소개된 지 7년 만에 망해버리는 일은 경영 세계에서 흔한 일이다. 세계적인 회사들이 급변하는 경제 환경에 적응하지 못하고 도산하는 경우를 우리는 쉽게 볼 수 있다. 그러다 보니 한동안 경영계의 화두는 '지속 가능한 경영'이었다. 순식간에 회사가 문 닫는 혼란한 상황에서, 지속적으로 경영을 유지해 나가는 것 자체가 매우 가치 있고 귀중한 일이기 때문이다.

그럼 방송계는 어떨까? 나는 방송 환경도 경영 환경과 다를 바 없이 극심한 혼란이 상주하는 곳이라고 생각한다. 위에서 말했다시피, 급변하는 대중의 기호에 따라 방송계는 지속적으로 변화해야 한다. 결국 방송계에서도 '지속 가능한 경영'은 가장 어려우면서도 각광받는 화두라고 볼 수 있다.

유재석은 방송계에서 '지속 가능한 경영'을 가장 잘하는 연예인 중 하나다. 그가 맡은 프로그램은 모두 오랜 시간 동안 사랑받았다. '놀러와'는 2004년부터 2012년까지, '무한도전'은 2006년부터 현재까지, '해피투게더'는 2003년부터 지금까지 진행했다. 1년에도 수십 개의 프로그램이 생겼다 사라지는 예능 판에서, 이런 꾸준함은 유재석만이 보여줄 수 있는 독보적인 성과다. 이 단 한 가지 사실만으로도 유재석은 지속 가능한 경영을 통해 회사를 성공적으로 운영한 기업가에 비해 모자람이 없다.

그렇다면 성공한 기업가들의 경영 철학이나 리더십, 삶의 방식 등을 고찰하듯, 유재석의 방송 철학, 리더십, 삶의 방식에 대해 고찰해보는 것은 당연한 일이다. 내게 유재석은 단순한 코미디언이 아니다. 내게 유재석은 히딩크나 이건희와 다름없는 존재다.

유재석은 이런 독보적인 성과를 바탕으로 국민 MC라는 칭호를 얻었다. 매년 반짝인기를 얻고 돌풍을 일으키는 새로운 인물들이 나타나곤 한다. 하지만 그들에게 섣불리 '국민'이라는 칭호를 줄 수 없는 것은 그들이 어느 순간 사라져버릴지도 모르기 때문이다. 실제로 그런 연예인들이 부지기수다. 그러나 유재석의 경우 '국민'이라는 칭호가 전혀 어색하지 않다. 그의 꾸준함 때문이다. 새로운 새싹들이 적어도 유재석만큼 긴 시간 동안 정상의 위치에 서지 못한다면, 국민 MC라는 칭호는 언제까지나 유재석의 차지일 것이다.

그가 어째서 이렇게 오랫동안 승승장구하는지만 살펴봐도 우리는 참으로 많은 것을 배울 수 있다. 그런데 유재석의 진가는 여기에만 있지 않다. 유재석의 진가는 유재석이 이룬 것들과 더불어 유재석이라는 인간이 가진 가치에서도 볼 수 있다.

유재석은 많은 동료가 최고라고 생각하는 연예인이다. 아마 학교를 다니거나 직장을 다니고 있다면, 동료들로부터 최고라는 칭호를 받는 것이 얼마나 어려운 일인지 알 것이다. 밖에서 보기에는 최고로 보일지언정 안에서는 욕을 먹을 수 있는 것이 우리의 인생이고 우리가 사는 세상이다. 자기에게 가까운 사람들에게 인정받는 것은 상상 이상으로 어려운 일이다.

유재석은 동료들이 최고라고 인정하는 인물이다. 과연 그 평가가 그가 성공했기 때문에 만들어진 걸까? 아마 아닐 것이다. 성공하기까지, 그리고 최고의 성과를 만들어내기까지, 그 과정 안에서 보이는 모습들이 충분히 본받을 만하고 바르다고 느꼈기 때문에 그를 최고라고 인정하게 되었을 것이다. 외부의 사람들이야 눈에 보이는 성과만 보고 판단하겠지만, 같이 일하는 동료들이라면 이 사람의 일거수일투족이 판단의 기준이 될 수밖에 없다.

가끔 보면 그런 사람들이 있다. 내 주변의 평가에 대해서는 신경을 잘 안 쓰면서, 잘 모르는 사람들의 평가에는 민감한 사람들 말이다. 이들은 어쩌면 내 주변을 만족시키는 것보다, 나와 거리가 있는 사람들을 만족시키는 것이 더 쉽다는 것을 알고 있을지도 모른다. 회사에 다니다 보면 결과는 좋지만 과정이 좋지 않거나, 인간적으로 문제가 있어 많은 동료로부터 뒷담화의 대상이 되는 사람들이 있다. 이런 사람들은 결과가 좋기 때문에 밖에서는 칭찬을 받는다. 하지만 정작 같이 일하는 동료들은 비난하거나 상종 못 할 사람이라며 피한다. 원래 좀 먼 사람들은 성과만 보고, 가까운 사람들은 성과를 넘어 사람과 그 과정도 본다. 즉 가장 가까운 사람들에게 인정받는 것은 정말 어렵고 힘들고, 따라서 가치 있는 일이다. 유재석은 동료들이 하나같이 입을 모아 존경과 감탄을 보내는 인물이다. 그가 결과와 과정, 둘 다에서 훌륭하다는 것을 유추할 수 있는 대목이다.

유재석은 '안티' 없는 연예인으로도 유명하다. 안티가 없는 이유에 대해서도 차후에 살펴보겠지만, 한국에서 안티가 없다는 것은 정말 대단한 일이다. 한국은 자기보다 나은 사람의 약점이나 단점을 찾아내 그것을 '까기' 좋아하는 문화를 가지고 있다. 사촌이 땅을 사면 배가 아프고, 일단 까고 싶은 욕구가 솔솔 피어난다. 그래서 한국에서는 '영웅 문화'가 잘 생겨나질 않는다. 미국과 비교해보면 이는 더욱 극명하게 드러난다. 미국은 다른 것을 다 못 해도 하나를 잘하면 그것을 과장해 영웅을 만든다. 일종의 영웅 문화다. 반대로, 한국은 다 잘해도 하나 못 하는 것을 찾아내서 과장하고 철저히 까버린다. 그래서 영웅이 잘 나타나질 않는다. 한때의 영웅이 순식간에 나락으로 떨어지는 모습은 한국에서는 흔한 일이다. 그래서 한국에서 안티의 힘은 강력하다. 안티들의 조직력과 활동력은 대세인 연예인을 순식간에 방송에서 사라지게 할 만큼 영향력이 크다.

이렇게 안티 문화가 흔하고 강한 대한민국에서 유재석의 안티가 거의 없는 것은 진정으로 놀라운 일이다. 그 정도로 안티 없는 연예인은 과거 '김장훈' 정도였다. 김장훈은 봉사와 기부, 그리고 지속적인 독도 지킴이 활동을 통해 비난할 이유 자체가 있을 수 없는 연예인이었다. 게다가 김장훈은 방송 출연도 많지 않은 편이었다. 즉, 김장훈에 대해서 우리가 접하는 정보의 상당 부분은 '기부, 봉사, 독도'였다. 따라서 김장훈에 대한 안티는 생기기 어려운 경향이 있었다. 다만 2012년 싸이와의 반목과 자살소동 등으로 인해 김장훈도 현재는 많은 안티를 지니고 있다.

유재석은 김장훈에 비해 거의 매일 방송에 등장하는 데다 많은 연예인들과 함께 출연하는 프로그램에서 활동하기 때문에, 안티를 만들 만한 언행이 더욱 많이 노출될 수 있는 환경에 처해 있다. 안티는 대단한 일로 생기기도 하지만 정말 별것 아닌 꼬투리 하나로 생기기도 한다. 그러므로 대중에게 많이 노출될수록 안티가 생길 가능성은 급격히 늘어난다. 그럼에도 유재석의 안티는 거의 찾아볼 수가 없다. 심지어는 유재석을 싫어하는 사람도 굉장히 조심해서 그 이야기를 해야 할 정도다. 내 지인 중의 한 명은 유재석을 싫어한다. 답답하고 착한 사람 병에 걸린 것 같아서 불편하다고 말한다. 그러나 이 얘기를 대놓고 하지 못한다. 그렇게 말했다가는 오히려 자신이 이상한 사람 취급을 받거나 비난의 대상이 될 수 있기 때문이다. 유재석에 대한 험담을 쉽게 하기 힘들 정도로 그는 안티가 적은 연예인이다. 누군가를 까기 좋아하는 대한민국에서 이렇게 많이 노출되면서도 이렇게 안티가 적은 것, 심지어는 욕도 쉽게 할 수 없는 인물이 유재석이다. 유재석에 대해서 쓴 내 글에서 나는 유재석에 대해 '안티 없는', 그러나 '대중적으로 유명하고 사랑받는' 인물이라고 묘사했다. 어쩌면 유재석이 이뤄낸 가장 큰 성취는 바로 이것일지도 모른다.

정리하면 이렇다. 유재석은 부침이 심한 연예계에서 지속 가능한 방송을 해내는 능력 있는 방송인이면서, 같이 일하는 동료와 외부 사람들에게 모두 최고라고 인정받는 인물이다. 그것도 안티 없이.

유재석은?

'자기 일도 매우 잘하는데, 심지어는 같이 일하는 동료, 그리고 외부 사람들이 모두 최고라고 생각하고 인정하는 안티 없는 연예인.'

이 정도의 인물이라면 아마 누구라도 배울 만한 사람이라고 인정할 수밖에 없을 것이다. 지금부터 나는 유재석에게서 배워야 할 것들에 대해서 이야기해보려 한다. 이것들을 모두 배운다고 해서 유재석이 되는 것은 아닐 것이다. 그러나 적어도 지금보다 더 괜찮은 사람이 될 수는 있을 것이다.

차 례

유재석 배우기 1

유재석의 말

말은 나의 의사를 전달하는 가장 쉽고 직접적인 수단이며, 반대로 내가 상대의 의사를 전달받기에도 가장 쉬운 수단이다. 그래서 현대를 살아가는 우리에게 말은 가장 가깝고 가장 친숙한 의사소통 수단이다. 때문에 말이란 반드시 갖춰야 할 가장 기본적인 의사소통 능력이기도 하다. 말귀를 못 알아먹는 사람을 만났을 때 느끼게 되는 답답함을 생각해보자. 아마 울화통이 치밀 것이다. 또는 내가 하고 싶은 말을 제대로 전달하지 못할 때를 상기해보자. 역시 죽을 만큼 답답했을 것이다. 정말 많은 이들이 이런 경험을 하고 있다. 이미 말은 가장 흔하고 쉬운 의사소통 방법이 되었는데, 말을 제대로 사용하는 사람은 생각보다 적다.

학교에서도 직장에서도 말의 의미를 제대로 못 알아듣는 사람들은 꼭 존재하고, 자신의 의사를 제대로 표현하지 못하는 사람들도 널려 있다. 물론 이런 사람들이 아예 말을 못 하는 것은 아니다. 이런 사람들도 말을 하고 듣긴 한다. 하지만 말을 '제대로'한다고 말하려면, 그냥 말하고 듣는 수준을 넘어서 원활한 '의사소통'이 가능해야 한다. 그런데 이 원활한 의사소통이라는 것이 상당히 어렵다.

대화를 나누다 보면 답답하고, 시간 참 안 가고, 별로 대화하고 싶지 않은 사람이 있다. 이들도 분명히 말을 하지만, 우리는 이들이 말을 잘한다고 하진 않는다. 이렇게 말을 하지만 잘하지는 못하는 사람들에게 유재석처럼 말하기는 큰 도움이 되어줄 것이다.

유재석은 국민 MC다. 국민 MC에게 가장 중요한 자질은 당연히 '말을 잘하는 것'이다. MC는 말을 해야 하는 직업이기 때문이다. 이미 국민 MC 자리에 오른 유재석은 당연히 말을 잘한다. 그가 성공할 수 있었던 근본이 바로 말이다. 그래서 나는 유재석을 자기가 일하는 분야에서 가장 뛰어난 능력을 지닌 전문가로 본다. 말하기 능력이 없었다면 유재석은 국민 MC가 되지 못했을 것이다.

그런데 유재석만 말을 잘하는 것은 아니다. 실제로 말을 잘하는 사람은 유재석 말고도 연예계 안에 정말 많다. 예를 들어서, 말의 양으로는 그 누구도 '노홍철'을 쫓아가지 못한다. 쉴 새 없이 떠드는 그의 말은 듣는 이를 질리게 하기에 충분하다. 그럼에도 불구하고 사람들이 그 말을 꽤 잘 알아들을 수 있고, 그 말을 통해 감정을 전달받을 수 있다는 점에서 노홍철의 말은 훌륭하다. 강호동의 말도 있다. 강호동만큼 상대로부터 다양한 이야기를 끌어낼 수 있는 사람도 드물다. 그의 약간 강압적인 말투와 직설적이지만 상대에게 필요 이상의 긴장은 주지 않는 말하기 방식은 그 자체로 '강호동'을 상징할 만큼 독특하고 효과적이다. 강호동의 '무릎팍 도사'가 성공할 수 있었던 이유의 가장 바탕에 강호동의 말이 있다. 위트 있는 말, 음흉한 말이라면 '신동엽'을 따라갈 자가 없다. 신동엽은 모든 연예인 중에서 가장 '위트'있는 말을 구사한다. 순간을 파고드는 능력, 그리고 그 순간을 한마디로 비틀어버려서 웃음을 이끌어내는 능력은 신동엽을 당해낼 사람이 없다. 어떤 상황에서도 유쾌하게 대화를 이끌어나갈 수 있는 말은 우리나라에서 '신동엽'이 최고다. 물론 음흉한 쪽도 신동엽이 최고다. 그는 방송에 나갈 수 있는 수위 안에서 가장 자유로운 '섹드립'을 칠 수 있는 연예인이다. '마녀사냥'의 대박에는 신동엽의 말이 가장 큰 역할을 했다. 그가 새초롬한 표정으로 선을 간신히 넘지 않는 멘트를 하지 않았다면, '마녀사냥'이 구축한 즐거운 19금의 모습은 나올 수 없었을 것이다.

'직설적이지만 핵심을 찌르는 말'로는 '김구라'가 있다. 핵심을 찌른다는 점에서 '김구라'를 능가할 수 있는 사람은 없다. '김구라'는 사태를 파악하는 힘, 그리고 이를 바탕으로 핵심을 찌를 수 있는 말을 구사한다. 이 같은 그의 능력은 jTBC에서 방송됐던 '남자의 그 물건'이라는 프로그램이나 '썰전'을 보면 쉽게 알 수 있다. 그는 이런 방송에서 항상 핵심을 찌르는 언변을 구사해서 재미나 당황을 이끌어낸다. '라디오 스타'에서도 그런 그의 능력이 잘 발휘되고 있다. 그는 게스트들에게 어디서도 들어보지 못했을 질문들을 던지고, 이를 통해 시청자들에게 시원함을 안겨주곤 했다. 최근에는 도가 조금 지나쳐 눈살을 찌푸리게 하는 경우도 있으나, '라디오 스타'의 성공에 김구라의 기여가 상당히 컸다는 것은 분명하다. 명언이나 격언을 사용하는 말의 최고봉에는 김제동이 있다. 김제동 어록이 있을 정도로 그는 상황에 맞는 격언이나 명언을 적절하게 사용하는 대단한 재능을 지니고 있다. 특히 명언이나 격언을 사용하기 전에 편안하고 가벼운 분위기를 만들어놓고, 적절한 타이밍에 명언이나 격언을 말해서 감동을 극대화시키는 능력은 김제동의 말이 지닌 백미이다.

이렇게 연예계만 보더라도, 다양한 말을 완벽히 구사하는 능력자들이 있다. 그런데 이런 사람들의 말보다는 유재석의 말이 우리에게 더욱 필요하다는 것이 내 판단이다. 우리가 진짜 배워야 하는 건 김구라의 말도, 김제동의 말도, 강호동의 말도 아닌 유재석의 말이다. 왜일까?

가장 큰 이유는 유재석의 말에는 '특징'이 없기 때문이다. 유재석은 개인의 성향에 크게 좌우되지 않는, 그래서 누구라도 사용할 수 있는 매우 평범하고 보편적인 말을 구사한다. 대한민국 연예계에서 '평범한 말'을 가장 잘하는 사람이 바로 유재석이다. 평범한 사람들이 김구라처럼 핵심을 뚫는 말을 하거나 노홍철처럼 말을 많이 하기는 쉽지 않다. 왜냐하면 그것은 개인적인 특징이 다분히 녹아든 특별한 말이기 때문이다. 성격과 특성이 어우러져야 나오는 말의 방식은 아무나 배운다고 할 수 있는 것이 아니다. 항상 조용한 사람에게, 혹은 항상 남을 신경 쓰는 사람에게 김구라처럼 강한 말을 하라고 시키면, 가능할 리가 없다. 부끄러움을 많이 타는 사람에게 신동엽의 말을 하라고 하면, 그 또한 될 리가 없다. 아마 입을 닫아버리는 것이 더욱 속편할지도 모른다.

반면에 유재석의 평범한 말은 우리 모두 배울 수 있는, 그리고 편하게 사용할 수 있는 말이다. 유재석의 말에는 위화감이 적다. 특별한 것이 아니니까. 모두가 편하게 익힐 수 있으며, 사용하는 데도 큰 어려움이 없는 말이라는 점, 그것이 유재석의 말이 지닌 제일 큰 장점이다.

유재석의 말을 배워야 하는 두 번째 이유는, 유재석이 이 평범한 말을 가지고 누구보다도 '대화'를 잘하기 때문이다. 그의 말은 '대화'를 나누는 데 매우 적절하다. 유재석의 말은 유재석이 지닌 태도와 결합되어, 단순한 말이 아닌 '화술'을 창조해낸다. 나는 많은 이들에게 바로 이 화술이 필요하다고 생각한다. 유재석의 화술이 얼마나 대단하냐면, 그 어떤 인물도 그와 대화를 나누는 데 부담을 갖지 않는다. 노홍철의 말, 강호동의 말, 김구라의 말을 부담스러워하는 사람, 그래서 대화를 꺼리는 사람은 있을지 몰라도, 유재석과의 대화를 부담스러워 하는 사람은 없을 것이다.

방송에 잘 나오지 않던 사람들이 유재석이 있다는 것만으로도 안심하고 방송에 출연하는 사례가 많다. 지금은 방송의 요정이 되어 있는 정재형도 처음 '놀러와'에 출연할 때, 유재석만 믿었다고 말했다. 유재석이라면 자신이 꺼릴 만한 대화를 나누지 않아도 될 것이며, 설령 문제가 되는 이야기를 해도 잘 메워줄 거라는 신뢰가 바탕에 깔려 있었던 것이다. 이런 이유로 유재석은 말을 잘하는 것을 넘어서, 대한민국에서 으뜸가는 '커뮤니케이터', 즉 '의사 소통가'라고 볼 수 있다. 그렇기에 그의 말을 배우면, 사람들과 더 나은 의사소통을 할 가능성이 높아질 것이다.

유재석처럼 바른 말 쓰기

2006   푸른미디어상 언어상
2010   MBC 우리말 지킴이 나무상

유재석의 수상 내용 중에서 이 두 가지를 보면, 유재석이 바른 말을 사용하는 연예인이라는 것을 알 수 있다. 2009년에 방송통신심의위원회가 지상파 방송의 8개 심야 오락 프로그램의 언어 사용 실태를 중점 심의한 결과에 따르면, 유재석은 방송 1회당 평균 1회의 위반만을 기록[5]하여, 지상파 오락 프로그램에서 가장 올바른 방송 언어를 사용하는 진행자로 뽑혔다. 그는 가급적 비속어를 사용하지 않고, 또한 상대를 불쾌하게 만들 수 있는 막말도 거의 사용하지 않는다. 심지어 그는 아나운서인 아내의 덕분으로 '다르다'와 '틀리다'[6]라는 표현의 차이를 알았다고 밝힌 바 있다.[7] 이처럼 그는 스스로 바른 말을 쓰기 위해 잘

---

5) 방송통신심의위원회 지상파 방송 3사 8개 심야 오락 프로그램의 언어 사용 실태 심의. 2009년
6) 다르다(different), 틀리다(wrong)
7) '무한도전' 2011년 달력 프로젝트 방영분 중

못된 말버릇을 고쳐가고 있는 것으로 보인다.

이런 바른 말의 사용은 유재석이 하는 말에 대한 신뢰감을 상승시킨다. 사실 유재석의 말은 신뢰도가 상당히 떨어질 수밖에 없는 필연적 단점을 지니고 있다. 일반적으로 말은 저음일수록, 그리고 너무 빠르지 않고 적절한 강약을 지니고 있을 때 신뢰감이 향상된다. 그러나 유재석의 말은 톤이 높으며, 촐싹거리는 말투를 지니고 있다. 따라서 유재석의 말은 재미를 만드는 데는 적합하지만, 신뢰성 측면에서는 상당한 약점을 지니고 있다. 이는 재미와 함께 적절한 무게 배분이 필요한 국민 MC로서는 극복해야 할 문제였을 것이다. 그런데 유재석은 이를 바른 말 사용으로 극복하고 있다. 비록 촐싹댈지언정, 그가 사용하는 바른 말은 말의 무게감을 만들어낸다.

그와 더불어 바른 말 사용으로 상대가 불편해할 만한 상황을 거의 만들지 않는 것도 큰 장점이다. 유재석의 말과 가장 많이 대비되는 말로 김구라를 들 수 있다. 그는 방송 상에서 비속어를 가장 많이 사용하는 연예인이기도 하다. 김구라의 말은 분명 시원하고 재밌는 부분이 있다. 그가 단순히 막말만 하는 것이 아니라, 그 안에는 확실한 '뼈'가 존재하기 때문이다. 그럼에도 불구하고 김구라의 노골적인 말을 불편하게 느끼는 사람이 존재한다. 반대로 유재석의 말을 불편해하는 사람은 거의 찾기 힘들다. 사용하는 언어 자체가 바르기 때문에, 듣는 입장에서 불편할 이유가 거의 없다.

물론 때로는 비속어의 사용이 대화를 조금 더 원활하게 만들어주기도 한다. 비속어의 사용이 친근감을 높이고 전달하고자 하는 감정을 극대화시키는 효과를 만들기 때문이다. 이런 효과를 가장 잘 사용해서 큰 인기를 끌었던 것이 바로 '응답하라 1994'라는 작품이었다. 작품 내내 반복됐던 사투리와 비속어는 이 작품의 가장 큰 인기 요인이었다. 이러한 대사로 인해 시청자가 쉽게 등장인물에 공감을 느낄 수 있었다. 하지만 비속어의 사용은 가까운 사이에서 친밀도를 증가시키는 경우나 자신의 감정을 노골적으로 표현해야 할 경우에 효과가 있을 뿐이다. 일반적인 생활환경에서 비속어의 사용은 오히려 관계를 해치고 말의 수준을 떨어트리는 역효과를 불러일으킬 가능성이 높다.

나는 원래 비속어를 거의 사용하지 않았다. 그런데 어느 순간부터 재미를 위해서, 친밀감을 높이기 위해서 가장 친한 친구들에게만 비속어를 쓰기 시작했다. 그랬더니 그것이 꽤 자극적이고 재미 있었다. 점차 비속어를 사용하는 비중이 늘기 시작했다. 비속어가 입에 붙자, 친한 친구들을 좀 가벼이 여기게 됐다. 행동도 거칠어졌다. 말은 생각보다 많은 부분에서 우리에게 영향을 미친다. 최근에는 비속어의 사용을 다시 줄이는 중이다. 말이 사람을 만든다는 이야기가 괜히 나온 것이 아니다.

바른 말을 쓰면 상대에게 좋은 인상을 심어줄 수 있다. 내 남자친구, 내 여자친구가 갑자기 '씨발! 좆같아!'하는 말을 쓴다고 생각해보자. 너무 불쾌할 것이다. 바른 말을 쓰면 좋은 인상을 만들고, 좋은 인상은 좋은 대화를 이끌어낸다. 개인적으로 나는 김구라를 좋아하지만, 그와 대화하는 것을 상상하면 조금 겁이 난다. 실제로도 직설적이고 강한 말투로 대화한다면, 그 자리가 상당히 불편할 것 같기 때문이다.

물론 바른 말을 사용하기란 쉬운 일이 아니다. 일단 우리가 꾸준히 사용해온 은어와 비속어가 존재하고, 잘못된 것인지도 모르는 말들도 많이 있기 때문이다. '다르다'와 '틀리다'의 구분, '가르치다'와 '가리키다'[8]의 구분과 같은 것들이 그렇다. 심지어는 '발음'을 신경 써야 하는 경우도 있다. '비시 있습니다.' '비지 있습니다.' '비치 있습니다.'[9]는 전부 다른 의미를 지니고 있음에도 불구하고 혼동해서 쓰는 사람들이 많다. 심지어는 가사 전달이 중요한 래퍼들도 이 발음들을 잘못 사용하고 있다. 아주 멋진 목소리로 '내 옆에 앉은 너에게선 비시 나.'[10]라고 할 때면 듣기 민망하다. 우리는 아나운서가 될 것도 아니고, 방송인이 될 것도 아니다. 그러나 올바른 말을 구사하지 않았을 때, 일부 사람들에게 의사소통의 혼란을 줄 수 있다는 점을 생각해보면, 고치고자 애쓸 필요는 있다.

"네 의견은 틀리구나…."

틀린 것은 'wrong'을 말하고, 다른 것은 'different'를 말한다. 너의 의견이 나와 다르다고 표현하고 싶었는데, 말을 제대로 사용하지 못하는 바람에 너의 의견을 '틀린 것', 즉 잘못된 것으로 만들어버렸다. 이

---

8) 가르치다(teach), 가리키다(point)

9) 빚이/비지(debt), 빛이/비치(light), 빗이/비시(comb)

10) 내 옆에 앉은 너에게선 빗이 나. (×) / 내 옆에 앉은 너에게선 빛이 나(비치 나). (O)

런 하나의 실수가 자칫 분쟁의 원인이 될 수도 있다.

위에서 말했듯이, 바른 말을 쓰는 것은 분명 쉬운 일은 아니다. 그러나 생각보다 쉬운 일이기도 하다. 지금도 인터넷에 '틀리기 쉬운 맞춤법', '틀리는 발음'으로 검색해보면, 우리가 자주 틀리는 내용이 정리되어 있다. 이것들을 확인하고 나중에 말할 때 신경을 쓰면, 서서히 바른말 쓰는 비중을 늘릴 수 있을 것이다. 사람들이 유재석의 말에서 편안함을 느끼는 이유, 그것의 핵심에 바른 말이 있다.

유재석처럼 소통하기

유재석은 말이 많다. 그러나 혼자 말을 해야 하는 상황에서만 말이 많다. 대화를 나눌 때, 유재석은 자신의 말을 줄이고 상대가 충분히 말할 수 있게 배려한다. 사람들이 유재석과 말하는 것을 즐기는 이유가 바로 여기에 있다.

거의 모든 사람에게는 말을 하려는 욕구가 있다. 더욱 근본적으로 말하면, 사람들은 자기의 생각이나 의견을 표출하고 싶어 하는 의사표현의 욕구를 가지고 있다. 이 욕구가 발현되는 데는 '권력구조'가 상당한 영향을 행사한다. 일반적으로 권력이 강한 자는 말을 하고, 약한 자는 말을 듣게 되어 있는 것도 의사표현에 권력구조가 영향을 끼치기 때문이다. 권력이 강할수록 자신의 의사표현 욕구를 더 많이 표출하며, 약할수록 의사표현 욕구를 더 많이 감춘다. 과거에는 이런 현상이 더욱 심했다. 연장자가 말하고 있는 중간에 끼어드는 것은 상상도 할 수 없는 일이었다. 과거에 나이는 곧 권력이었고, 연장자가 말하는 중간에 끼어드는 것은 곧 권력에 대한 도전이었다.

의사표현과 권력의 관계는 지금도 존재한다. 교장 선생님이 훈화할 때 갑자기 끼어들어 말할 수 없고, 대통령이 말하고 있는 중간에 갑자기 끼어들어 질문하는 기자도 없다. 그렇게 여전히 권력은 권력을 지닌 자에게는 말할 권리를 부여하고, 권력을 갖지 못한 자에게는 들을 의무를 부과한다. 다시 말하면, '말을 하는 것'은 곧 자신의 '지위 상승'을 의미한다. 말은 권력을 나타내는 바로미터이고, 말을 할 수 있다는 것은 곧 높은 권력을 의미하기 때문이다. 이미 사람들은 의식적으로, 때론 무의식적으로 의사표현을 '권력'과 동일시한다. 또한 우리는 모두 의사표현의 욕구에서 벗어날 수 없다. 사람에게 '권력욕'은 기본적으로 부여된 천성이기 때문이다. 권력에 관심 없다고 말하는 사람도 타인에게 무시받으면 불쾌해한다. 무시받고 싶어 하지 않는 것, 그것도 권력욕의 다른 모습이다. 따라서 모든 이들, 심지어 말을 많이 하지 않는 이들까지도 의사소통의 욕구(즉 권력욕)를 지니고 있음을 인정해야 한다. 그 이해가 바탕이 되어야 더욱 쉽게 의사소통을 할 수 있다.

소통은 혼자 말하는 것이 아니다. 다른 이의 이야기를 듣고, 나의 이야기를 하고, 다시 상대방의 이야기를 듣는 과정, 이를 통해 서로 이해하고 자신이 원하는 대로 상대를 서서히 이끌어나가는 과정, 그리고 그 안에서 서로가 만족하는 것이 바로 소통이다. 그래서 소통의 핵심은 상대를 소통의 장으로 끌어오는 것이다. 일단 소통의 장으로 끌고 들어와야 그때부터 듣고 말하고 교류하는 과정을 진행해나갈 수 있다. 상대를 소통의 장으로 끌고 오기 위해 해야 할 가장 중요한 일은 상대가 말하도록 하는 것이다. 상대에게 말할 기회를 부여하고 상대가 지닌 의사표현의 욕구를 만족시켜주면, 이를 통해 상대는 적극적으로 소통의 장에 참여하게 된다.

상대를 소통의 장으로 끌고 오는 데 있어서 유재석은 남들보다 뛰어난 능력을 지니고 있다. 그는 상대를 말하게 하는 재주를 지니고 있다. 이것이 그가 오랫동안 토크쇼를 진행할 수 있었던 원동력이다.

유재석 말고도 상대를 말하게 하는 능력을 지닌 인물은 많이 있다. 가장 대표적인 사람은 '강호동'이다. 강호동 역시 상대를 말하게 하는 데 있어서 독보적인 능력을 지닌 인물이다. 과거 '무릎팍 도사'의 승승장구는 강호동이 지닌 그 능력 덕분이었다. 강호동은 유재석과 함께 상대를 말하게 하는 능력으로는 우리나라의 최고봉에 올라와 있는 인물이라고 해도 과언이 아니다. 그렇지만 둘의 방식에는 차이점이 있다. 유재석은 자연스럽게 상대방 스스로 말을 하도록 만드는 스타일이고, 강호동은 적극적으로 상대로부터 말을 끄집어내는 스타일이다.

유재석 스타일	강호동 스타일
직접 말을 하도록 유도함	적극적으로 말을 끄집어냄

강호동은 상대방으로부터 말을 끌어내기 위해 미리 분위기를 만든다. 설레발이라고 느껴질 만큼 과도한 행동과 큰 목소리 등은 분위기를 만들기 위해 강호동이 많이 사용하는 도구이다. 분위기가 서서히

올라오면, 상대방에게 말을 해야 할 것 같은 압박을 준다. 이렇게 분위기를 깔고 서서히 압박해 들어가면, 결국 상대는 어쩔 수 없이 입을 열게 된다. 이런 강호동의 방식에는 강압적인 측면이 존재한다. 그래서 그것을 불편해하는 사람도 분명히 있다. 그러나 강호동 스타일은 대한민국에서 상당히 효과적인 대화법이기도 하다. 한국 사람은 자신의 이야기를 하는 것에 대해 근원적인 두려움을 지니고 있다. 자기 이야기를 마구 늘어놓는 것을 주책으로 보거나 쓸데없이 말을 많이 하는 것을 안 좋게 여기는 인식을 어렸을 때부터 갖기 때문이다. 그런 인식으로 인해 말을 하고 싶어도 참는 사람이 상당히 많다. 대한민국의 이런 특성 하에서 강호동의 대화법은 매우 효과적인 대화법이 될 수 있다. 스스로 말을 꺼내는 것은 불편하지만, 강호동이 압박했기 때문에 어쩔 수 없다는 듯이 말을 꺼낼 수는 있기 때문이다. 스스로 하고 싶어서가 아니라 압박 때문이라는 핑계를 대며, 책임을 살짝 강호동에게 미룰 수 있다. 물론 말을 한 당사자 또한 일단 하고 싶은 말을 했기에 시원함을 느낄 수 있다. 새로 돌아온 '무릎팍 도사'가 예전의 명성을 이어가지 못했던 가장 큰 이유는 이 같은 강호동 특유의 대화법이 발휘되지 않았기 때문이다. 논란 이후에 컴백했기 때문인지는 몰라도, 강호동 특유의 압박이 사라지는 바람에 상대로부터 속 시원하게 이야기를 끌어낼 수 없었다.

유재석의 방식은 강호동처럼 끌어내기보다는 스스로 말하게 한다. 그는 다양한 기술들을 사용해서 상대로부터 말을 이끌어낸다. 그의 방식은 강호동처럼 강하게 압박하는 방식이 아니고, 그저 말할 수 있도록 상대를 놔두는 것이다. 따라서 강호동처럼 독특한 특징을 지니고 있지 않은 평범한 사람들이 이용하기 좋은 방법이다. 나는 일반적으로 사람들에게 강호동이 말하는 방식보다는 유재석이 말하는 방식을 배우기를 권한다. 강호동의 방식은 익혀도 써먹기 힘들지만, 유재석의 방식은 평범하면서 배우기 쉽고 사용하는 데 안전하기 때문이다.

방법 1.

듣기

유재석이 상대로부터 말을 이끌어내기 위해 쓰는 기술에는 다양한 것들이 있다. 그 모든 방법의 중심에 있는 것이 '듣기'다. 올바른 소통은 언제나 듣기로부터 시작된다. 이 부분에서 유재석은 다른 이들에 비해 대단히 뛰어나다. 그는 상대방이 하는 말을 가급적 하나도 놓치지 않는다. 심지어 말하고 있는 동안에도 남의 말에 귀 기울인다. 상대가 말을 재밌게 하든 그렇지 않든, 그는 항상 집중하고 상대의 이야기를 경청하는 습관을 지니고 있다. 그가 얼마나 상대의 말에 귀 기울이는지는 그가 활동하고 있는 버라이어티 방송을 보면 쉽게 알 수 있다.

'무한도전' 우천 특집으로 방송된 '동거동락' 에피소드가 있었다. 이 에피소드에서 정형돈은 길에게 "태생적으로 재미없는 애야."라고 말한다.

유재석은 그 말을 듣고는 바로 받아친다. '태생적으로 재미없는 애'라고 다시 한 번 말하면서 강조하는 것이다. 그렇게 함으로써 '태생적으로 재미없는 놈'이라는 길의 캐릭터가 만들어졌다. 게임을 진행하고 있던 유재석이기에 옆에서 정형돈이 한 그 말을 놓쳤을 수도 있다. 버라이어티 특성상 출연자의 모든 말을 다 받아낼 수는 없는 상황임에도 유재석은 기가 막히게 그 한마디를 놓치지 않고 캐릭터로 만들어냈다. 그가 얼마나 상대의 말에 귀를 기울이는지 알 수 있는 일화다. 유재석이 등장하는 방송을 잘 관찰해보면, 다른 출연자들이 무시한 말들을 유재석만은 기가 막히게 잡아내는 모습을 볼 수 있을 것이다.

상대의 말을 듣는 것, 이것이 뭐가 그리 대단한 걸까? 사실 우리는 모두 상대의 말을 듣는다. 그건 당연하다. 문제는 그 이후다. 앞에서 말한 것처럼 사람들은 듣는 것보다는 말하는 것을 선호한다. 그래서 어떤 말을 들으면, 그에 대한 대꾸로 자신이 말하고 싶은 욕구를 폭발시킨다.

"소녀시대 너무 예쁜 것 같아."

"나 예전에 써니랑 아는 사이였다."

일반적인 반응이다. 소녀시대가 나오자, 자기가 예전에 써니와 아는 사이인 것을 강조하고 싶은 욕구가 생겨난다. 상대의 말과 이어지지 않고, 오직 내가 말하고 싶은 욕구에만 충실한 결과이다. 이런 대화는 생

각보다 자주 일어난다. 그리고 이런 대화가 이어질 때, 답답함을 느낀
다. 그러나 유재석은 자기가 하고 싶은 말을 하는 것이 아니라, 상대에
게 최대한 맞추는 말을 한다. 유재석 듣기의 핵심은 바로 여기에 있다.
상대의 말을 제대로 듣고, 그 말에 대해서 상대에게 맞춰주는 대꾸를
하는 것이다.

> "소녀시대 너무 예쁜 것 같아."
> "아~ 소녀시대 예쁘지. 누가 제일 예쁜 것 같은데?"→ 유재석 식 반응
> "야~ 잘 보시네. 진짜 예쁘죠? 누가 제일 예뻐요?"→ 유재석 식 반응

　　내가 한 말이 상대방에 의해서 반복되고 잘 포장되는 것을 느낄 때,
우리는 더욱 쉽게 입을 열게 된다. 대화 상대가 맞장구를 쳐주고 이야
기에 관심을 보일 때, 말하는 사람은 자신의 입을 더욱 편히 연다. 소
통의 장에 더욱 적극적으로 들어오게 되는 것이다. 유재석이 이것을
얼마나 잘하는지는 박명수를 보면 알 수 있다. 유재석이 없는 프로그
램에서 박명수가 진행을 맡았을 때는 비난받는 경우가 많이 있다. 하
지만 유재석과 함께라면 박명수는 살아난다. 박명수가 어떤 말을 하더
라도 유재석이 그것에 맞는 적절한 반응을 보여줄 것이라는 확신이 있
기 때문이다. 이 같은 확신이 박명수가 더 많은 애드립과 개그를 할 수
있게 만들어준다.
　　유재석의 듣기는 때로는 집착에 가까울 정도의 모습을 보이기도 한

다. 상대의 아주 작은 반응조차 놓치지 않으려고 애쓰는 모습이 이미 방송에서 수차례 공개됐다. '놀러와'에 나온 김태희는 무언가 궁금한 것이 있었는지 작은 목소리로 물었다. 그러자 유재석은 바로 "정말 궁금 하셨나 봐요. '어떻게 돼요?'라고 작게 물으시네요."라고 그 상황을 설명했다. 잘 안 들릴 수도 있는 말 하나까지도 놓치지 않고 들으려는 그의 노력, 그리고 그것에 관심을 보이고 포장하는 그의 대화 방식은 방송 출연을 잘 안 하던 연예인들도 마음 편히 '놀러와'에는 출연하게 만들 정도였다.

유재석의 듣기를 보면, 과연 나는 제대로 듣고 있는지 반성의 시간을 갖게 된다. 모든 사람은 말하고자 하는 욕구를 지니고 있고, 나도 그렇다. 덕분에 대화할 기회가 있으면 내가 더 많이 떠들고 싶은 욕구가 스멀스멀 기어나온다. 게다가 나는 꽤 오랜 시간 아이들을 가르치는 직업을 가지고 있었다. 말하는 것이 익숙하고 말도 잘하는 편에 속한다. 그러니 말이 더 청산유수로 나오곤 했다. 그렇다고 해서 내가 의사소통을 잘하는 것은 아니었다. 부끄럽지만 내 전 여자친구는 내게 "오빠만 만나면 잠이 와."라고 얘기하고는, 실제로 시끄러운 커피숍에서 잠에 빠져들기도 했다. 말은 잘하지만, 의사소통에는 취약한 대표적인 사람이 나다.

그런 내게 유재석이 준 충고는 '잘 들으라'는 것이다. 내가 말하고 싶을 때, 한 번 꿀꺽 참고 상대의 이야기를 한 번 더 듣는 것이야말로 좋은 '대화'의 기본이다. 여기까지만 해도 꽤 좋은 의사소통을 할 수 있다. 하지만 여기에 더해서 상대가 좋아할 수 있는 반응을 해준다면, 거의 완벽하게 좋은 대화를 해낼 수 있다. 내가 말하고자 하는 욕구를 접고, 상대가 말하고자 하는 욕구를 충족시켜주는 것, 그래서 상대가 말하고 싶은 것을 다 말할 수 있도록 판을 깔아주는 것이야말로 유재석에게 배울 수 있는 가장 확실한 의사소통법이다.

유재석 식의 대화법을 추구한 이후로 과거보다 대화를 잘한다는 소리를 꽤 듣게 됐다. 과거에는 뭐 그리 하고 싶은 말이 많았는지, '나 아는 것 많다'고, '나 이야기 거리 많다'고 혼자서 주저리주저리 떠드느라 정신이 없었다. 이것이 대화를 얼마나 지루하게 만드는지 제대로 알지도 못했다. 이 부분이 해결되자 대화의 즐거움은 커졌고, 오히려 내 얘기를 할 수 있는 기회도 덩달아 늘어났다. 충실히 상대의 말에 귀 기울이자, 상대도 내 이야기에 더욱 귀 기울이기 시작했기 때문이다.

대화의 기본은 듣기다. 말하고자 하는 욕구가 이 사실을 자꾸 감춘다. 그래서 이것만 기억해도 우리는 꽤 말을 잘하는 사람이 될 수 있다. 말을 너무 못 해 고민인 사람도, 낯을 많이 가려서 말을 잘 못 하는 사람도 차라리 말을 줄이고 '듣기'를 강화하면 손쉽게 좋은 커뮤니케이터가 될 수 있다. 그리고 좋은 커뮤니케이터가 하는 조금의 말을 상대는 충실히 귀 담아 들어줄 것이다. 그건 자기의 이야기를 속 시원하게 할 수 있도록 배려해준 상대에 대한 자연스러운 보답이니까.

방법 2.
반응하기

유재석은 듣는 동안 최대한 많은 반응을 보이는 것으로 유명하다. 일반적으로 이것을 '리액션'이라고 부른다. '리액션'은 연예인이 갖춰야 할 가장 중요한 능력 중의 하나다. 리액션 해주지 않으면, 아무리 재밌는 말도 묻혀버리기 십상이니까. 가끔 예능을 하는 연예인들이 방송에서 '내 말 왜 안 받아주느냐!'고 하소연하는 것을 들을 수 있는 것도 이 때문이다. 만약 상대가 계속해서 반응을 해주지 않으면, 말하는 사람은 손쉽게 주눅들고, 결국 입을 닫게 될 것이다. 현실에서 말을 많이 하지 않는 사람 중엔 계속해서 자신의 말에 대한 대꾸를 받지 못하다 보니, 점점 말이 줄어든 사람이 꽤 있다. 누군가의 입을 완전히 닫게 만들 정도로 '리액션'이 가진 힘은 크다. 따라서 대화할 때 리액션은 무엇보다도 중요한 요소이다.

리액션은 '내가 당신의 말을 잘 듣고 있다'는 신호이다. 이 신호는 말하는 사람이 더 많은 이야기를 할 수 있도록 유도한다. 자기의 말에 관심을 보이는 순간 사람은 권력의 향상을 느끼고, 더욱 많은 이야기를 풀어놓고 싶어진다. 이는 본능과도 같다. 그렇게 상대가 말이 많아지면 더욱 다양한 이야기가 대화 속에 오가며, 덩달아 소통이 원활해진다. 유재석은 상대의 말에 매우 다양한 반응을 보여준다. 그 중에서 가장 많이 사용하는 것이 '추임새'다.

'아~', '예…', '그렇군요', '야~.'

유재석은 상대방이 말할 때 적극적으로 추임새를 넣는다. 유재석이 진행하는 토크쇼를 보면, 화면에 유재석이 나오지 않아도 유재석의 목소리가 계속 들린다. 그는 상대의 대화가 혼자 놀게 놔두지 않는다. 추임새를 통해 혼자 말하는 것이 아니라 함께 대화하고 있음을 상대에게 확실히 인지시킨다. 그러면 상대는 자신의 이야기가 상대에게 받아들여지고 있다고 생각하게 된다. 그리고 그것은 존중받는 느낌으로 치환된다.

추임새 중에서 가장 효과가 좋은 것은 끝말을 반복하는 것이다. 이는 내가 너의 이야기에 확실히 집중하고 있으며, 뒷말을 더 듣고 싶다는 강력한 신호다. 이 신호를 받은 상대는 더욱 행복한 기분을 느끼며 말을 할 것이다. 권력의 상승이다. 스스로 인지하지는 못해도, 본능은 그 감정을 오롯이 느끼도록 해준다.

"나 어제 길 가다가 우연히 친구를 만났어."
"친구 만났어?"
"응, 나 되게 신났었다."
"신났었구나~."

이런 식이다. 여기에 감탄사만 추가하면 거의 완벽한 뒷말 반복이 된다.

"나 어제 길가다가 우연히 친구를 만났어."

"친구 만났어? 대박."

"응, 나 되게 신났었다."

"당근이지. 완전 신났겠다."

이런 식이다. 유재석은 이런 방법을 가장 잘 사용하는 진행자이다. '놀러와'를 보면 특히 그런 모습을 많이 볼 수 있었다.

출연자: "출연 요청이 쇄도하고…."

유재석: "쇄도하고…."

출연자: "너무 힘들었어요."

유재석: "힘들죠…."

이런 식으로 상대가 하는 말의 뒷부분을 따라해주는 것이다. 이 역시 위의 추임새와 마찬가지 효과를 보인다. '내가 너의 말을 매우 잘 듣고 있다'는 신호를 보내는 것이다. 이 신호를 받은 상대방은 존중받는 느낌이 들고 권력 상승을 느끼게 된다. 그리고 결과적으로 말을 더 하게 된다.

유재석은 추임새뿐만 아니라 몸으로 하는 반응도 많이 사용한다. 몸은 추임새보다 조금 더 적극적인 형태의 반응이다. 유재석은 웃을 때도 그냥 웃지 않고, 큐 카드로 입을 가리고 몸을 앞으로 기울이면서 웃거나, 무릎을 살짝 들어올리거나 하는 식으로 몸짓을 풍성하게 사용한다. 상대의 말에 집중하고 공감하고 있다는 것을 매우 적극적으로 표현하는 행위이다. 이런 행동은 말하는 사람 눈에 직접 보이기 때문에, 단순 추임새보다 더욱 효과적이다.

'바디 랭귀지'라는 것이 있다. 우리는 말이 없어도 몸으로, 몸짓으로, 표정으로 매우 많은 대화를 나눈다. 말로 대화하는 동안에도 이러한 시각 정보는 계속해서 전달된다. 상대와 눈을 맞추고, 고개를 끄덕이고, 얼굴에 표정을 짓는 모든 것이 대화 속에 녹아 있다. 대화는 단지 말로만 하는 것이 아니다. 대화는 온몸으로 하는 커뮤니케이션이다. 유재석을 보면 표정, 손짓, 자세 등 모든 것이 '나는 당신과 대화하고 있고, 그것이 즐겁습니다.'를 표현하고 있다. 심지어 상대가 허망한 얘기를 할 때는 유재석 특유의 간죽거리는 표정을 보이는 방식으로 대화에 집중하고 있음을 상대에게 주지시킨다. 덕분에 유재석과의 대화는 유재석과의 대화로 각인된다. 다른 사람하고 대화하는 것과 나와 대화하는 것이 똑같다면, 그 사람과의 의사소통이 좋았다고 말하기는 힘들 것이다. 나와 하는 의사소통이기 때문에 즐겁고 행복해야 상대는 나와 계속 '소통'하고 싶을 것이고, 그래야 좋은 의사소통이라고 말할 수 있을 것이다. 유재석처럼 다양한 반응을 몸으로 보여주는 것은 상대에게 지금 대화의 순간이 나와 함께 이뤄지고 있다는 것을 각인시키는 데 매우 효과적이다. 몸을 너무 격하게 사용하는 것이 부끄럽고 불편하다면, 최대한 눈을 맞추고 고개를 끄덕이는 것만으로도 거의 비슷한 효과를 얻을 수 있다.

대화할 때 상대의 말에 적절한 반응을 하는 것은 우리가 가장 쉽게 사용할 수 있는 대화법이다. 그 방법도 간단해서 유재석이 사용하는 딱 3가지만 사용해도 대단한 변화를 만들어낼 수 있다. 추임새를 넣거나, 뒷말을 반복하거나, 몸을 사용해보면 즉시 대화가 훨씬 더 수월하게 이어지는 것을 느낄 것이다. 여기에 한 가지 추가하면, 곁다리 질문을 하는 것이 좋다. 이건 유재석의 대화법 중에서 개인적으로 가장 고급이라고 생각하며 매우 좋은 방법이라고 여겨서 실제로도 많이 쓰는 방법이다. 상대와 대화할 때, 대화의 내용과 직접적인 관계는 없지만 간접적인 관련이 있는 곁다리를 질문한 뒤에 다시 본론으로 들어가면 상대는 대화에 더욱 깊이 빠져들게 된다.

"나 어제 소개팅해서 남자 만났어."
"잠깐만, 어제 무슨 요일이었지?"
"금요일."
"금요일 밤! 그래서 어땠는데?"

이 대화에서 가장 중요한 것은 소개팅과 남자다. 그런데 그것과는 상관없는, 그러나 아예 연관이 없지 않은 요일을 물어봄으로써 본론으로 들어가는 것을 살짝 늦추고 있다. 말하던 사람은 빨리 본론으로 들어가고 싶은 욕구가 갑자기 커진다. 이때 다시 본론으로 돌아가는 질문을 하게 되면 상대는 말하고 싶은 자신의 욕구를 해소하기 위해 더욱 대화에 몰입하게 된다. 대화를 마친 후에는 욕구를 해소했기 때문에 기분이 좋아지는 것은 물론이다. 이 방법은 좋은 대화를 하는 데 있어서 무척 효과적이다. 다만 가끔 본론으로 안 돌아가고 계속 다른 이야기를 해버리는 사람들이 있다. 그러면 상대는 본론으로 들어가고 싶은 욕구를 해결하지 못하고, 대화에서 즐거움을 느끼지 못하게 된다. 심지어는 짜증이 날 수도 있다.

"나 어제 소개팅해서 남자 만났어."
"잠깐만, 어제 무슨 요일이었지?"
"금요일"
"금요일 밤! 아, 난 금요일 밤만 되면 일주일 피로가 그냥 아주 몰려오더라고."

보기만 해도 답답하지 않은가? 곁다리 질문은 본론으로 들어가는 것을 아주 잠깐 막는 용도로만 사용해야 한다. 그렇지 않으면 오히려 역효과를 불러올 수도 있다. 게다가 상대의 성격에 따라 그 잠깐의 단절에 짜증을 내는 사람도 있기 때문에, 상대를 잘 파악해서 사용해야 한다.

적극적으로 말 끌어내기

유재석도 가끔은 상대방의 이야기를 적극적으로 끌어낸다. 모두가 사용하는 아주 흔한 방법으로 말이다. 그는 질문을 사용한다.

❘ 질문으로 말을 끌어내기 ❘

상대방에게서 말을 끌어내기 위해 모두가 질문을 사용한다. 가족도 친구들도, 심지어는 인터뷰를 할 때도 모두 질문을 통해 말을 끌어낸다. 일반적인 방법이고 누구나 쓰는 방법이다. 그러나 유재석의 질문은 조금 다르다. 접근 방식에 차이가 있다. 유재석은 넓은 범위에서 핵심으로 들어가는 방식의 질문을 사용한다.

"요즘 기분 좋은 일이 있으시다면서요…?"

이렇게 처음에는 약간 넓은 범위의 질문을 한다. 그러면 상대는 그에 대해 대답한다. 그 다음에는 그 사건에 대해서 조금 더 깊숙이 들어가서 물어본다.

"요즘 기분 좋은 일이 있으시다면서요…?"

"아···, 네. 최근에 집을 마련해서요."

"아니, 어린 나이에 집을! 재테크에 관심이 많은가 봐요!?"

이는 역시 토크로 유명한 김구라와는 사뭇 다른 방식이다. 김구라는 바로 핵심으로 들어간다. 한 방에 쏘는 방식이다. 질문을 들은 사람들은 직접적인 질문에 당황하기도 한다. 물론 그 모습에서 시청자들은 재미를 느끼기도 한다. 그러나 실제 상황에서는 상당히 거북한 방식일 수 있다. 보는 사람은 재밌어도, 당하는 사람은 난감하기 때문이다.

"집 샀다며? 재테크 잘하나 봐? 요즘 벌이가 좋아?"- 김구라 방식

유재석은 일단 넓은 범위의 질문을 함으로써 상대에게 앞으로 어떤 질문을 이어서 할 것인지 미리 암시를 준다. 상대가 받아들이기 편하다. 상대는 대답하고, 유재석은 대답을 들으면서 적절한 수준으로 다시 대화를 이끌어나간다. 덕분에 상대는 부담 없이 자신이 원하는 수준의 이야기를 할 수 있게 된다.

| 주제 전환으로 말 끌어내기 |

유재석이 말을 끌어내는 또 다른 방법은 주제 전환이다. 사랑에 관해 얘기하다가 말이 조금 길어지거나 더 나올 내용이 없다고 판단되면 그는 재빠르게 화제를 바꾼다. 이것은 말을 끊는 것이 아니라, 또 다른 화제를 가져와서 대화를 끊기지 않게끔 배려하는 것이다. 주제 전환은 유재석이 사용하는 대화의 기술 중에서 가장 어려운 것이다. 너무 빨리 주제를 옮기면 상대에게 불쾌감을 줄 수 있고, 너무 느리게 주제를 옮기면 상대가 지루함을 느낄 수 있다. 적절한 타이밍을 잡아내는 것은 그가 가진 특별한 능력이거나 혹은 다년간의 경험을 통해 만들어낸 그만의 노하우일 것이다.

나는 대화를 나눌 때, 갑자기 대화가 끊기는 경험을 자주 한다. 다음에 어떤 말을 이어나가야 할지 막막해진다. 그러면 갑자기 휑한 기분이 들기 시작한다. 괜히 어색하고, 자리를 피하고 싶어진다. 아마 내가 느낀 감정을 상대도 똑같이 느낄 것이다. 나이를 먹어가다 보니 이런 불편한 자리는 자꾸 피하고 싶어진다. 그래서 이렇게 대화가 자주 중단되는 사람들은 아예 안 보고 만다.

문제는 피할 수 없는 사람들이다. 대화가 종종 끊기는데도 불구하고 대화를 나누어야만 하는 경우가 살다 보면 꽤 많다. 그럴 때면 유재석의 기술이 간절해진다. 그래서 '유재석의 주제 전환 타이밍을 배울 수는 없을까?'하고 관찰을 해봤다. 토크쇼 위주로 살펴보니 다행스럽게도 공통으로 발견되는 특성이 있었다. 그것은 상대가 이미 했던 말을 살짝만 바꾸어 다시 할 때, 바로 말을 돌린다는 것이다.

예를 들면 '놀러와'에 빅뱅이 나왔을 때, 말이 길어지자 유재석이 바로 "잘 알아들었습니다."하고 끊어버린 적이 있다. 이유는 단순하다. 했던 말이 약간의 미사여구만 바뀌어서 계속되고 있었기 때문이다. 대화할 때 어색한 분위기가 싫어서 말을 계속 하는 사람들이 있다. 나도 그런 편인데, 말을 하다 보면 딱히 새로 할 말이 없어서 한 말을 계속 반복하게 되는 것이다.

"그래서 사랑이 쉽지 않아."
"그래?"
"웅. 사랑이 쉽지 않으니까 어려운 거지. 역시 쉽지 않아."

대화가 이런 식으로 반복되고 맴돈다고 느껴질 때, 바로 그때가 포인트이다. 이때 주제를 다른 쪽으로 넘겨보면 대화가 더 길게 이어지는 것을 발견할 수 있다. 넘기고 싶은 주제가 없다면 그건 최악이겠지만 말이다.

"그래서 사랑이 쉽지 않아."
"그래?"
"웅. 사랑이 쉽지 않으니까 어려운 거지. 역시 쉽지 않아."
"그런데 내 친구 만난 지 3개월 된 여자랑 다음 달에 결혼한다더라."

이런 식으로 주제를 '사랑은 어렵다'에서 '만난 지 3개월 된 여자와의 결혼'으로 전환한다. 아예 동떨어지지 않으면서도 새롭게 대화를 이어갈 만한 아주 훌륭한 전환이 된다.

유 재 석   배 우 기

| 대화 돌리기로 말 끌어내기 |

마지막으로 다수의 인원이 말할 때, 유재석이 말을 끌어내기 위해 사용하는 가장 훌륭한 기술이 있다. 바로 한 명에게만 대화가 몰리게끔 하지 않는 것이다. 유재석은 한 사람이 말을 많이 하고 있으면, 말이 적은 사람에게 질문해서 그 사람도 이야기할 수 있도록 한다. 한 사람의 말이 계속되고 다른 이들의 시선이 분산되는 순간, 유재석은 자연스럽게 다른 사람에게 질문해서 말을 끌어낸다. 이런 식으로 여러 명이 있을 때, 모든 사람이 얘기할 수 있도록 만든다.

예전에 한 기업에서 여러 명의 지원자를 모아놓고 밤샘 토론을 하게 했다고 한다. 시간이 흐르자 말을 많이 하는 사람, 말을 조리 있게 하는 사람, 말없이 잘 듣는 사람, 말에 집중하지 못하는 사람 등 다양한 사람의 성향들이 드러났다. 이때 회사가 뽑은 사람은 중간에서 모두가 말할 수 있도록 대화를 조절했던 사람이라고 한다.

내가 성격이 안 좋아서 그런지는 몰라도, 나는 한 자리에서 한 명만 말을 장황하게 늘어놓는 대화 자리를 그다지 좋아하지 않는다. 사실 가끔은 내가 장황하게 말을 늘어놓는 한 사람이 되기도 하지만, 그럼에도 그런 자리를 달가워하지 않는 것은 사실이다. 대화는 서로 다 같이 의사소통해야 하는 것이니까. 그래서 조금 말이 없는 친구도 대화에 참여할 수 있도록 배려하는 것이 필요하다. 전체의 분위기가 다 같이 좋아지는 효과가 있고, 즐거운 대화를 할 수 있게 되기 때문이다. 유재석의 말 돌리기는 그래서 다수와 이야기할 때 가장 중요한 기술이다.

권위 사용하기

유재석과 관련하여 SNS에서 널리 퍼졌던 사진이 있다. '인간의 조건'
이라는 프로그램에서 유재석이 허경환에게 '최선'에 대해서 이야기한
것을 캡처 해놓은 것이다. 여기서 유재석은 이렇게 말한다.

"내가 생각하는 범위에서 최선을 다하면 안 된다고. 그걸 벗어나서 최선을 다해야
돼. 혼신! 그게 혼신이야, 혼신! 혼신을 다해야 돼."

실제 이 방송을 보면, 유재석의 이 이야기를 듣고 VJ가 놀라면서 "소
름끼쳤어요."라고 말하는 장면이 나온다. 그의 한마디는 듣고 있던 누
군가를 소름끼치게 만들 정도로 대단한 것이었다.
'무한도전', '서해안 고속도로 가요제'의 끝에, 유재석이 자신이 하고
싶은 이야기를 담은 '말하는 대로'를 불렀을 때, 많은 사람은 그 노래의
가사에 감동받고 위로를 얻었다. 그가 건네는 '말하는 대로, 생각하는
대로'이루어질 거라는 그 한마디는 지속된 좌절로 풀이 죽어 있던 청
춘들에게 던지는 희망의 메시지이기도 했다. 그의 한마디가 지닌 힘이

얼마나 큰지 알 수 있다. 한 동영상에서는 수많은 사람에게 둘러싸인 유재석이 질서를 지켜달라고 외치는 장면이 나온다. 그리고 거짓말처럼 사람들은 그의 말을 듣는다. 유재석이 한 말이 누군가를 소름끼치게 할 수 있고, 누군가를 위로할 수 있으며, 누군가를 조심하게 할 수 있는 이유는 바로 그가 유재석이기 때문이다. 그의 말은 유재석이기 때문에 더욱 강력하고 효과적이다. 그는 국민 MC이며 오랫동안 국민에게 사랑받고 있다. 사람들은 그의 말이 지닌 권위를 자연스럽게 느낀다. 이 권위는 그의 말이 지닌 힘을 극대화시킨다.

말은 권력과 밀접한 관계가 있다. 말을 많이 할 수 있게 배려하는 것을 통해서 상대는 자신이 높아진 것 같은 느낌을 받고 더 원활히 소통할 수 있다는 이야기를 앞에서 했다. 그런데 만약 내가 권력을 지니고 있다면, 나의 말이 지닌 힘은 어떻게 될까? 당연히 강력해진다. 이런 권력을 지니고 있으면서, 만약 내가 상대에게 말할 기회를 주고 말을 편하게 할 수 있도록 배려하면 어떻게 될까? 상대는 이미 높은 나보다 더 높아진 것 같은 느낌을 받을 것이다. 그 사람은 황홀한 소통을 하게 될 것이며, 대화 도중에 가끔 나올 내 말의 권위와 힘은 더욱 강해질 것이다.

유재석의 소통이 완성된 것은, 그가 유느님이 됐기 때문에 가능했다. 자신이 발전했고, 자신이 남들에게 당당한 위치로 성장했기 때문에, 그의 말은 더욱 큰 힘을 지니게 됐다. 그렇다면 우리는 어떨까?

내가 이미 권위를 지니고 있다면, 유재석처럼 소통에 집중하는 순간,

상대에게 말의 기회를 넘기는 순간, 정말 좋은 의사소통가가 되어 있을 것이다. 만약 현재 권위를 지니고 있지 못하다면, 두 가지 방법을 통해 유재석처럼 말에 권위를 지닐 수 있다.

첫 번째 방법은 유재석처럼 성공하는 것이다. 내 위치에서 인정받을 수 있는 곳까지 올라가면 나의 말이 지닌 권위는 강력해지고, 나는 더욱 영향력 있는 말을 할 수 있을 것이다. 아마 군대를 다녀온 남자라면 다 알 것이다. 분대장이 된 내 말의 영향력이 얼마나 강해졌는지. 과거 군대에서 분대장이 TV에 나온 원더걸스를 보고 "완전 별로."라고 말했다. 곧 분대 전체가 원더걸스를 완전 별로라고 말하기 시작했다. 그 당시 원더걸스의 노래는 'Tell me'였다. 얼마 후 'Tell me'열풍이 일어났고, 고참은 "원더걸스 최고."로 노선을 바꿨다. 그 즉시 모두가 "원더걸스 최고."를 말하기 시작했다. 그것도 "나는 처음부터 원더걸스가 잘될 줄 알았어."라고 말하면서. 얼마 전까지 자기들이 외쳤던 내용을 머리에서 지운 듯이 너무나 당당하게 말하는 그들의 모습은 진실로 그렇게 생각하고 있다는 것을 확인한 이후에 완전한 호러로 변했다(이 경험 이후로 심리학과 기억에 관심을 갖게 됐다). 내가 군대에서 한 가장 무서운 관찰 중의 하나였다.

이를 보면, 권위를 갖는 것이 얼마나 엄청난 일인지 알 수 있다. 한 가지 안타까운 것은, 군대에서는 시간만 보내도 이런 권위를 안겨줬지만, 사회에서는 그렇지 않다는 것이다. 사회에서는 자신이 최선을 다해야, 아니, 유재석이 말한 것처럼 혼신을 다해야 자기의 권위를 세울 수 있다.

두 번째 방법은 권위를 빌려오는 것이다. 권위자의 말을 빌려오면, 내 말이 지닌 힘을 강하게 만들 수 있다.

"스티브 잡스에 따르면…."
"김성근 감독님이 하신 말씀 중에…."

이렇게 권위자의 말을 빌리는 것이다. 권위자의 말을 빌리면, 자신의 지식을 자랑하면서 동시에 말의 신뢰성을 상당히 높일 수 있다. 매우 효과적인 방법이다. 다만 이 방식을 너무 남발하면 상대가 불편해할 수 있다. 빌려오는 권위자에 대해서 상대가 잘 모르면, 이런 방식의 대화가 지속될 때 상대는 자신이 무시받는 느낌을 은근히 받게 된다. 그러면 '아는 체한다'면서 오히려 나를 공격할 수도 있다. 그러니 적절한 수준으로 상대를 봐가면서 사용하는 것이 필요하다.

권위를 얻기 위한 두 가지 방법 중에서 개인적으로는 전자를 추천하고 싶다. 남의 말을 빌려오는 것보다 나 자신이 권위를 갖도록 노력하는 것이 나의 발전에 더 좋기 때문이다. 게다가 나의 권위를 얻은 후에는 얼마든지 남의 권위를 빌려올 수 있지만, 남의 권위만 빌려와서는 나 자신의 권위를 높일 수 없다. 그러니 나 자신의 권위를 높이는 데 주력하는 것이 더욱 효율적이다. 만약 나의 권위를 높이는 데 성공한다면, 내 말이 지닌 힘이 얼마나 강해졌는지를 확실하게 느낄 수 있을 것이다. 나의 한마디는 더욱 존중받을 것이며, 영향력은 더욱 커질 것이다.

유재석의 화술이란?

나는 유재석의 화술에서 가장 중요한 것이 '듣는 것'이라고 생각한다. 그는 '말하는 것'보다는 '듣는 것'을 중요하게 여긴다. 그는 상대의 말뿐만이 아니라, 상대의 표정이나 몸짓까지도 놓치지 않는다. 또 그는 잘 듣기 위해서 상대가 편히 말할 수 있도록 '추임새'를 넣고, '몸으로 반응을 보이고', '상대의 말을 따라한다.'상대의 말을 끌어내기 위해서 상대가 편하게 느낄 수 있는 방식의 질문을 한다. 넓은 범위에서 좁게 들어가는 방식의 질문이다. 적절한 시점에서 대화 주제를 바꾸어 대화가 계속 이어질 수 있도록 만들며, 모든 이들이 대화에 참여할 수 있도록 대화를 분배한다. 이 모든 것이 유재석 화술의 핵심이다.

어떻게 보면 참으로 보편적이고 뻔한 것이지만, 이것을 실제로 행하기는 쉽지 않다. 그래서 이 모든 것을 다 하는 유재석을 두고 우리가 '대단하다, 말을 잘한다'고 말하는 것이다. 그것도 앞에 '국민'이라는 호칭을 붙일 수 있을 정도로.

유재석의 대화 방식을 한꺼번에 다 따라하는 것은 쉬운 일이 아니다. 하지만 하나하나씩 익혀 나가다 보면, 그 효과는 확실하다. 게다가 여기 나와 있는 방법들은 뛰어난 언어 능력을 지녀야 할 수 있는 것들도 아니다. 오히려 대화를 나누는 데 있어서 필요한 기본적인 태도나 자세 같은 것이다. 특출한 재능 없이도 우리 모두가 분명히 할 수 있다.

　개인적으로는 여기 나와 있는 방식을 실제로 많이 사용하고 있다. 덕분에 나와 대화를 나눈 사람들이 '말 잘한다'는 이야기를 많이 해준다. 말을 잘하다 보니, 실제 성격이 내성적이라고 말하면, 말도 안 된다며 놀라는 사람들도 있다. 나는 보기와는 반대로 내성적인 면이 많고, 소심한 면도 많다. 그래서 강호동이나 김구라 같은 강한 형태의 말을 사용할 자신이 없다. 그렇다고 신동엽처럼 위트가 넘치는 것도 아니다. 결국 내게 남은 건 유재석뿐이었다. 활발하고 외향적인 사람들에게는 말에 대한 고민이 크지 않을지도 모른다. 그들은 어쨌든 드러내는 데 능한 사람들이니까. 말도 편하게 할 것이다. 반대로, 말에 어려움을 겪는 사람은 내성적인 면을 지니고 있을 가능성이 있다. 그런 분들에게 유재석은 가장 좋은 가이드 라인이다. 가장 편하고 무리 없이 말하는 능력, 소통하는 능력을 증가시킬 수 있기 때문이다. 그러므로 유재석에게서 배운 것을 하나씩 자연스러워질 때까지 연습해보자. 같이 이야기하면 즐거운 사람이라는 평을 듣게 될 날이 올 것이다. 마지막으로, 자신의 권위를 세우도록 애쓸 필요가 있다. 권위야말로 화술을 완성시켜줄 마지막 화룡점정이다.

'무한도전'못친소 특집, 유재석은 진행의 신이다.

2012년 12월 1일

버라이어티는 전쟁이다. 수많은 사람 사이에서 순간순간의 상황에 반응해야 하고, 누군가의 말에 빠르고 강하게 리액션을 만들어내야 한다. 그것을 하지 못하면 버라이어티에선 존재감 자체가 사라지기 십상이다. 자기 차례가 오기를 기다릴 수도 없다. 자신이 앞으로 나가고 적극적으로 하지 않으면 다른 출연자에게 묻히게 되고, 결국 버라이어티에서는 성공할 수 없다.

이런 이유로 버라이어티에 맞는 예능인과 그렇지 못한 예능인이 나뉜다. 김제동은 '토크'가 대세였던 시기에는 그 누구보다 승승장구했지만, 버라이어티로 예능의 대세가 넘어오자 상당한 부침을 겪었다. 그가 버라이어티의 이런 환경에 적응하기 힘들어했다는 것은 이미 스스로 밝힌 바 있다.

'무한도전'못친소 특집은 그런 점에서 굉장히 위험한 아이템이었다. 일단 참여자가 너무 많았다. 총 18명의 참가자가 이 특집을 위해 모였다. 문제는 이 18명 중에서 전체적인 진행을 맡은 유재석을 제외하고 나머지 출연진들이 예능에서 매우 성공적으로 살아남은 예능 전문가와 전혀 그렇지 못한 연예인들로 뒤섞여 있다는 점이었다.

무도 멤버들이나 윤종신, 데프콘 등은 이미 예능에서 활약해온 예능의 전문가들이다. 이들은 기회만 있으면 득달같이 달려들어서 멘트를 하고, 누군가의 액션에 크게 반응을 한다. 데프콘이나 하하, 박명수 등이 자꾸 치고 들어와서 말을 하는 모습이나, 이적의 노래에 제일 먼저 일어나 결국 한 줄의 인원이 모두 일어나 뛰게 한 정형돈의 모습들을 보면 이 같은 점을 알 수 있다. 이들은 예능의 전문가며, 따라서 수없이 끼어들어야 하고, 스스로 상황을 만들어야 하는 것을 안다.

그 외에 예능에 조금 특화되지 않은 집단도 있었다. 김C, 조정치, 고창석과 같은 분들은 예능에 특화된 분들은 아니었다. 예능에 잘 나오지 않는 연예인이었기 때문에, 당연히 틈을 파고들어 멘트를 치고 조금은 과하게 보일 수 있는 리액션을 하는 것 자체가 어려운 일이었을 것이다.

이렇게 예능 전문가들과 그렇지 않은 사람들이 모였을 때, 당연히 그 판은 예능 전문가들이 다 가져가게 된다. 자칫하면 예능에 전문적이지 않은 '게스트'들은 아예 묻힐 수도 있는 상황이 발생하기도 하는 것이다.

이렇게 수많은 참가자가 존재하고, 참가자들의 예능 능력에 차이가 나는 것은 진행자에게 있어서 가장 진행을 하기 어려운 환경이라고 말할 수 있다. 이런 상황에서 제대로 진행을 하기 위해서는 예능 전문가들의 멘트를 적당히 자르고 끊으면서 단계 단계의 진도를 나갈 수 있어야 하며, 동시에 예능에 익숙하지 않은 출연자와의 비중도 조절해야 한다. 그리고 예능을 잘하는 연예인과 그렇지 않은 연예인 사이에서 적절하게 균형을 맞추면서 서로가 시너지를 낼 수 있도록 도와야 한다. 글로 써놓으면 간단하지만, 이는 정말 엄청난 능력이 있어도 쉽지 않은 일이다.

그런데 유재석은 이렇게 극한의 진행 상황에서 '완벽한 진행'을 선보였다. 예능 전문가들을 적절하게 자르고, 예능감이 없는 참가자들을 부각시키고, 필요한 경우에는 자신이 중심에 서서 프로그램 자체를 처음부터 끝까지 이끌어나갔다. 18명이라는 출연진의 숫자는 자칫하면 프로그램 자체를 그냥 난잡하게 할 가능성이 높았는데, 못친소 페스티발은 전혀 난잡하지 않으면서 큰 웃음을 주는 매우 정돈된 프로그램이 되었다. 이는 바로 유재석의 탁월한 진행 능력 덕분이었다.

예를 들어, 유재석은 조정치에게서 웃음을 이끌어낼 만한 모습을 발견하자마자, 조정치를 중심으로 끌어들여 계속해서 웃음을 이끌어냈다. 림보를 바로 하지 못하도록 앞에서 '강남 스타일'춤으로 막고, 한번 '숨을 돌릴 타이밍'을 만든 것은 그런 진행의 백미였다. 그 잠깐의 공백이 바로 다음에 조정치가 림보를 떨어트렸을 때, 큰 웃음을 선사할 수 있게 만들었던 것이었다. 이분만이 아니다. 김C의 멘트를 김제동이 옮길 때, 자꾸 대리로 말을 전한다며 항의하는 정형돈, 김영철과 같은 예능 전문가들에게 그래도 그렇게 좀 해줘야 한다는 식으로 말하며 이들의 멘트를 적절하게 차단했다. 김C의 멘트가 주는 웃음을 살리고, 예능감 있는 연예인으로서 당연히 해야 할 과잉의 반응을 제어한 탁월한 진행이었다. 이런 것들만 봐도 유재석의 진행이 얼마나 뛰어난지를 알 수 있다.

못친소 페스티발은 조정치, 김C, 고창석을 비롯한 많은 연예인에게 자신의 매력을 뽐낼 수 있도록 해준 하나의 큰 장이었다. 그러나 그 중심에는 이 산만할 수 있고 편향될 수 있는 에피소드를 탁월한 진행 능력으로 잘 정돈되고 큰 웃음을 줄 수 있는 에피소드로 만든 유재석이 있었다. 그가 왜 최고라고 불리는지를 알고 싶다면, 못친소 페스티발을 보면 그 답을 알 수 있을 것이다. 유재석의 진행 능력을 보면, 그는 과히 진행의 신이라 할 만하다.

유재석 배우기 2

유재석의 자기관리

연예계는 정말 부침이 심한 곳이다. 불과 몇 년 전까지만 해도 대한민국은 절대적인 힘을 지닌 양대 국민 MC가 지배하는 곳이었다. 강호동과 유재석이 형성한 이 단단한 산맥은 오랜 시간 동안 대한민국을 지배했고, 누구도 쉽게 끝날 것으로 예측하지 못했다.

이런 예측은 당연했다. 일단 그들이 오랫동안 이 판을 지배해왔기 때문이다. 시시각각 변하는 방송가의 트렌드에 완벽하게 적응하는 것을 넘어서, 그들 자신이 새로운 트렌드를 만들어낼 수 있는 수준까지 올라섰으니, 그들 중심의 예능계가 유지되는 것은 자연스러웠다. 스스로 예능의 추세를 만들 수 있는 능력은 예능인에게는 거의 무적에 가까운 힘이나 다름없어서, 이들의 장기 집권은 공고하게 유지됐다.

유 라인과 강 라인으로 불리는 동료 연예인들이 있다는 것 또한 그들의 장기 집권을 가능하게 했다. 유재석 라인으로 알려진 '하하, 김종국, 리쌍, 노홍철, 박명수, 정형돈'등이 자신의 입지를 더욱 단단하게 만드는 중이었다. 또 강호동 라인인 '은지원, 이승기, 이수근, 이특, 붐'또한 예능계에서 자신의 입지를 점차 확장하고 있었다. 이 라인들 각각이 저마다 성장하고 있었다. 이들의 성장은 곧 유재석과 강호동의 힘이 성

유 재 석 배 우 기

장한다는 것을 의미하기도 했다. 이렇게 커지던 집단의 힘은 시청자들이 유재석, 강호동의 방송을 사랑할 수밖에 없도록 만드는 큰 무기가 됐다.

마지막으로, 양 강 체제를 구축한 것 또한 이들의 장기 집권을 가능케 한 이유였다. 연예계는 경쟁이 워낙 심한 곳이다. 그렇기에 단 한 명의 절대자가 있으면, 그 한 명을 타도하기 위해 수많은 세력들이 들고 일어나며, 그것을 주변에서 부추기는 경향이 있다. 2013년에 유재석이 방송사 대상을 타지 못하자, 사람들이 득달같이 달려들어 유재석 시대의 종말에 대해 이야기한 것처럼 말이다. 사실 유재석은 이미 '백상 예술 대상 TV 부문 대상'을 수상함으로써 방송사를 뛰어넘어 방송인 전체를 대표하는 상을 받은 이후였다. 그럼에도 불구하고 이제 유일한 일인자로 여겨지는 유재석에 대한 의구심이나 그를 넘는 새로운 인물에 대한 설레발은 계속 이어질 것이다. 대중은 유일한 일인자가 흔들리는 것에 큰 관심을 보이기 때문이다.

하지만 강호동과 유재석이라는 양 강 구도가 구축됐을 때는 라이벌 체제가 명확했기 때문에, 주변에서 오직 '강호동이 더 나으냐? 유재석이 더 나으냐?'만 가지고 이야기를 했다. 오직 둘이서만 서로를 견제하고 서로 경쟁함으로써, 다른 이들은 감히 범접할 수도 없는 곳에 두 사람이 위치할 수 있었다.

이런 이유로 강호동, 유재석의 양 강 체제는 오래 지속될 수 있었다. 한동안 그것이 절대로 깨지지 않을 거란 예측은 너무나 당연했다. 나

역시 이 양 강 체제가 상당히 오랫동안 지속될 것이 확실하다고 생각했다. 그러나 이 공고해 보였던 양 강 체제는 단 한 번의 해프닝으로 인해 매우 빠르게 해체되어버렸다. 바로 강호동의 탈세 혐의 사건이었다. 이 사건으로 인해서 강호동은 연예계를 잠정 은퇴했다. 물론 강호동은 무혐의 판결을 받았다. 즉 그는 죄를 짓지도 않았는데 자리에서 물러날 수밖에 없었다. 연예계라는 곳이 얼마나 냉혹한 곳인지, 동시에 얼마나 빠르게 변할 수 있는지를 보여준 사건이다. 1년 만에 돌아온 강호동은 예전과 같은 모습을 보여주지 못했다. '무릎팍 도사'는 종영됐고, '맨발의 친구들'도 종영됐다. '스타킹'에서 활약하고 '우리 동네 예체능'에서 좋은 모습을 보여주고 있지만, 과거 유재석과 어깨를 나란히 하던 모습은 이미 사라진 지 오래다.

살벌한 연예계에 대한 이야기를 조금 더 해보자. 탁재훈에 대한 이야기를 해보는 것도 재밌을 것 같다. 한때 탁재훈 하면 예능계에서는 최고로 손꼽히던 시절이 있었다. KBS 연예대상을 거머쥐기도 했다. 그런데 연예대상 이후 그는 이전 같은 활약을 펼치지 못했다. 심지어 도박 문제 때문에 방송에서 한동안 만날 수 없게 됐다. 탁재훈은 동료들이 인정하는 가장 웃긴 예능인이다. 남을 쉽게 칭찬 안 하는 박명수가 정말 재밌다고 인정할 정도이니, 그의 실력은 확실하다. 하지만 어째서 예전과 같은 탑의 자리에 위치하지 못하는 걸까? 도박 문제를 일단 제외하고 생각해보자.

물론 그 이유에 대해서 섣불리 말하긴 힘들다. 다양한 이유가 복합적으로 작용했기 때문이다. '재간'이나 '말장난'에 강한 탁재훈에게 한 동안 예능의 추세였던 '리얼 버라이어티'가 잘 맞지 않는 분야라는 것이 가장 큰 이유일 것이다. 또한 태도에 관한 것도 이유가 될 수 있다. 지각이 잦고, 지각했으면서 밥을 시켜먹는다는 등의 이야기가 방송에서 나온 적이 있다. 이런 이야기가 방송에서 공개적으로 나올 정도라면, 이는 어쩌다 발생한 일이 아니라 지속해서 있었던 일이라고 추측해볼 수 있다. 즉 자신의 태도와 자기와 잘 맞지 않는 방송의 추세 때문에 그가 예전 같은 활약을 펼치지 못했다고 볼 수 있다.

김제동에 대한 이야기도 해보려 한다. 혜성처럼 나타나 김제동 어록까지 만들어내며 센세이션을 일으켰지만, 안타깝게도 그는 버라이어티라는 환경에 적응하지 못했다. 그리고 지금은 예전만큼의 활약을 보여주지 못하고 있다. 변화하는 방송 추세를 따라가지 못한 것이다. 그는 '버라이어티'에 적응하는 것에 대해 어려움을 이미 토로한 적이 있다. 또한 정치적인 문제도 어느 정도 영향을 끼쳤다고 추측해볼 수 있다.

그러면 유재석은 어떨까? 유재석은 이렇게 급변하는 환경에서도 꾸준히 살아남아 자신의 입지를 지키고 있다. 강호동이 사라지면서 양강 체제의 위용을 잃었지만, 오히려 독보적인 존재로 자신의 위치를 공고히 하고 있다. 그는 여전히 가장 사랑받는 연예인이고, 국민 MC이고, 국민 호감이다.

유재석이 이렇게 될 수 있었던 이유를 살펴보면, 역시 '자기관리'때문이다. 그는 수도승[11]이라는 이야기를 들을 정도로 자기관리를 철저히 하는 연예인이다. 그 자기관리가 그의 장기 집권을 가능하게 했다. 많은 방송인이 그가 앞으로도 계속 최고의 자리에 있을 거라고 여기는 이유의 핵심에는 바로 자기관리가 존재하고 있다. 유재석이 얼마나 자기관리를 철저히 하는지는 이미 많이 공개되어 있다. 그에게 자기관리는 당연한 일과가 된 것처럼 보인다. 하지만 유재석의 자기관리에는 간절함이 존재한다는 것이 중요하다. 그것은 그가 오랜 시간 동안 무명 시절을 겪었기 때문에 생긴 것일 수도 있고, 어렵게 이뤄낸 성공을 사소한 일로 망치지 않겠다는 의지 때문일 수도 있다. 어쨌든 이 간절함을 잃지 않고 꾸준히 자신을 관리하는 모습을 보면, 다시 한 번 그에 대한 존경이 커진다.

그렇다면 유재석은 어떤 것들을 관리해왔을까? 그를 배워서 우리가 따라할 만한 관리는 무엇이 있을까? 한번 살펴보자.

---

11) 노홍철의 친한 친구(문화평론가 강명석 왈)

유재석의 체력관리

'무한도전'은 자타가 공인하는 대한민국 최고의 예능 방송이다. 시청률을 떠나서 '무한도전'이라는 방송이 지닌 파급력이 상상을 초월하기 때문이다. 거의 매일 모든 시간에 다양한 방송 채널을 통해서 '무한도전'이 방송되고 있고, 파업으로 장기간 방송되지 않아도 팬들은 꾸준히 '무한도전'을 지지하고 있다. '무한도전'은 현재 대한민국을 휩쓸고 있는 수많은 예능 프로그램의 원형이 된 프로그램이기도 하다. 아예 대놓고 이 프로그램의 콘셉트를 가져간 '무한걸스'라는 방송도 있었고, '1박 2일'과 같은 국민 예능도, '남자의 자격'과 같은 프로그램도, 유재석이 활약하고 있는 '런닝맨'도 결국 그 원류를 따져보면 '무한도전'이 있다. 그래서인지 '무한도전'은 대한민국 예능의 자존심으로서 자리를 확고히 한 프로그램이다.

그렇지만 이 프로그램이 처음부터 그렇게 성공 가도를 달린 것은 아니었다. 처음에는 무척 힘든 시기가 있었다. 목욕탕의 물을 빼내고, 연탄을 운반하고, 지하철과 달리기 경주를 하던 '무모한 도전'시절에, '무한도전'은 언제 폐지돼도 이상하지 않은 프로그램이었다. 그런 프로그램이 무려 2번의 변화를 겪으며 지금과 같은 형태의 '무한도전'으로 진화할 수 있었다. 물론 그 과정에는 언제나 유재석이라는 '무한도전'의 영원한 메인 MC가 있었다. '무한도전'이 국민적인 예능 프로그램이 되면서 그 또한 국민 MC로 거듭날 수 있었다고 봐도 무방할 만큼, 유재석과 '무한도전'은 마치 한 몸 같은 사이다.

'무한도전'이 처음 시작됐을 때, '무모한 도전'이라는 이름을 달고 정말 말도 안 되는 도전을 이어가는 방식으로 방송이 진행됐다. 그리고 도전은 주로 몸을 사용하는 것들이었다. 첫 방송에서는 소와 줄다리기를 했고, 두 번째 방송에서는 전철과 달리기를 했다. 그 외에도 목욕탕에 물을 채우거나 세탁물의 물을 짜는 것과 같은, 참 쓸모없는 다양한 도전을 했다. 그때 당시 출연진들은 모두 쫄쫄이 옷을 입어야 했다. 하얀색 쫄쫄이 복장이야말로 이 시절을 나타내는 '무한도전'의 상징이다. 이 하얀색 쫄쫄이의 특징은 바로 입은 사람의 몸매를 매우 노골적으로 드러내는 것이다. 덕분에 우리는 유재석의 몸이 어땠는지 확인할 수 있었다.

그 당시 그는 약골 이미지를 지니고 있었다. 실제 몸도 약해 보였고, 도전마다 너무 쉽게 실패하는 모습을 보여줬다. 그래서 시청자들은 '약한 유재석'의 이미지를 바로 받아들였다. 그런데 지금의 유재석을 보자. 누구도 유재석을 '약골'이나 '약한'이미지로 보지 않는다. 오히려 그는 '헬스 유'라는 별명을 얻을 정도로 단단한 몸을 지니게 됐다.

유 재 석 배 우 기

그가 꾸준히 운동한다는 것은 익히 알려진 이야기이다. 그는 수년간 운동을 했고, 심지어 평소 스케줄이 '집-헬스장-촬영장'으로만 되어 있다는 이야기가 돌 정도로 정말 성실하게 운동하는 것으로 보인다. 그렇다면 그는 왜 이렇게 열심히 운동하는 것일까?

물론 연예인으로서 외모를 가꾸고자 하는 것은 당연한 욕구일 것이다. 연예인으로서 멋진 몸을 갖는 것은 때로 큰 장점이 되기 때문이다. 하지만 유재석은 MC이기 때문에, 멋진 몸이 그렇게 중요한 사람은 아니다. 배우나 가수의 경우에는 멋진 몸이 화제를 만들고, 그 화제를 통해 무대에서 더욱 강렬한 매력을 보이거나 새로운 작품에 캐스팅될 가능성이 높아진다. 몸매를 통해 순간 큰 인기를 끌었던 과거의 구본승이나 현재의 클라라를 생각하면, 연예인의 몸이 갖는 힘을 쉽게 알 수 있다. 하지만 유재석은 멋진 몸이 있다고 해서, 그것을 통해 크게 이득 볼 일이 많지는 않다. 기본적으로 그의 역할은 개그맨이고 MC이다. 이들에게 몸이라는 것은 일을 하는 데 있어서 직접적인 영향을 끼치는 부분이 아니다.

멋진 몸을 만들어 화제가 되었던 개그맨이나 리포터를 생각해보자. 정종철이나 박준형, 오지헌 그리고 조영구까지, 일시적인 화제가 되긴 했지만, 그렇다고 해서 크게 득을 봤다고 보기는 어렵다. 그냥 잠깐의 화제로 끝이었다. 유재석도 마찬가지다. 유재석이 좋은 몸을 갖는 것이 일에서 그렇게 중요한가? 어쩌면 좋은 몸은 오히려 유재석에게 해가 될 수도 있다. 왜냐하면 약해 보일 때 개그맨으로서 슬랩스틱을 하기가 좀 더 수월하기 때문이다. 재미를 줘야 하는 입장에서는 몸이 좋은 것보다는 오히려 약골인 것이 쉽다. 그런데 유재석은 성실하게 꾸준히 운동했다. 그렇다면 그 이유는 몸을 만들어 이슈를 만들고자 한 것은 분명 아니다. 그보다는 자기의 일인 '방송'을 제대로 하고 싶어서 운동했다고 보는 것이 맞다. 방송 녹화 시간이 과거에 비해 엄청나게 늘어난 상황[12]에서 체력은 필수적이다. 그에게는 체력이 필요했다.

게다가 유재석이 하는 방송들을 살펴보면, 약골보다는 체력이 뒷받침될 때 더 많은 재미를 줄 수 있는 경우가 많다. '런닝맨'과 같은 추격전에서 얼마 뛰지도 못한 채 쓰러지고 쉽게 잡혀버린다면 재미가 있을까? '무한도전'에서 과거 '무모한 도전'처럼 허무하게 져버리면, 그것이 큰 웃음을 줄 수 있을까? 즉 직업 환경 자체가 약골보다는 체력을 지닌 것이 도움되도록 바뀌었다. 유재석은 '무한도전'에서 이렇게 말한 적이 있다.

"내가 좋아하는 무언가를 포기하지 않으면, 이 두 개를 다 가질 수는 없겠더라고. 사실 나이는 한 살 한 살 들어가고, 일 년 일 년 가면 갈수록 체력적으로도 뭐도 이렇게 대비를 시키지 않고 준비를 해놓지 않으면, 내일 일을 작년처럼, 재작년처럼 해낼 수 없고.
담배도 마찬가지지. 시간이 가면 갈수록 어, 이거 좀 숨이 차는데? 이거 좀 버거

---

12) 이경규는 이렇게 방송 녹화시간이 길어진 것을 강호동 탓으로 돌린 적이 있다. 과거에는 1시간 방송을 위해 1시간 30분이면 충분했다고 한다. 최근에는 1시간 방송을 위해 많게는 10여 시간을 녹화하기도 한다.

운데? 프로그램을 하다 보면 앞에서 누군가 뛰었을 때, 아슬아슬하게 하려면 내가 그 사람만큼 아슬아슬하게 잡을 수 있어야, 그게 재밌잖아. 그러면…, 어쩔 수 없지. 내가 담배 피우는 게 좋더라도 끊어야지. 뭐…, 이유는 단순해. 모든 걸 다 가질 순 없어. 뭔가는 포기해야 해."[13]

그는 이런 이유로 운동했고, 건장한 남자가 됐고, 너무나 멋진 장면을 만들어냈다. 그리고 일에서 계속 승승장구하고 있다. 게다가 덤으로 외모까지 얻었다. 운동을 통해 만들어진 다부진 몸은 그를 옷발 잘 받는 연예인으로 만들었고, 과거보다 더욱 많은 여성 팬을 보유하게 됐다. 유재석은 체력관리를 통해 일도, 매력도 동시에 끌어올렸다. 이미 40이 넘은 그가 여전히 방송에서 제일 앞서서 뛰고, 제일 많이 활동하며, 동시에 예전보다 더욱 멋진 모습을 갖추게 된 것은 바로 그의 꾸준한 체력관리 덕분이다. 최근 유재석의 살인적인 스케줄에 대해 기사가 나온 적이 있다. 그 기사를 보면 2014년 12월 19일 수요일 약 5시쯤에 차승원을 마중하기 위해 인천공항에 나갔고 촬영이 끝난 후 바로 '유혹의 거인'편 촬영을 위해 서래마을로 갔다고 한다. 이 촬영은 자정 넘어까지 진행됐다. 20일 오전에 유재석은 '무한도전 극한알바'촬영을 시작했고 차승원과 함께 강원도 탄광 막장에 갔다. 그리고 또 자정 넘어까지 일을 했다. 3일 동안 적어도 30시간 이상 촬영이 계속된 것이다.[14] 하지만 시청자로

---

13) '무한도전'300회 특집 중 텐트토크에서 유재석 왈
14) 일간스포츠 2014.12.14. [피플IS] '활력왕'유재석의 극한 '30시간스케줄

서는 그가 이렇게 빽빽한 스케줄을 소화했다는 것을 전혀 느낄 수 없었다. 이런 피곤한 스케줄에도 유재석은 방송 내내 활력이 넘쳤고 시청자들에게 큰 웃음을 전달했기 때문이다. 그가 평상시에 체력 관리를 꾸준히 하지 않았다면 이런 촬영은 애초에 불가능했을 것이다.

드라마 '미생'에서 체력에 대해 말한 것이 있다.

"니가 이루고 싶은 게 있다면, 체력을 먼저 길러라.
니가 종종 후반에 무너지는 이유,
데미지를 입은 후에 회복이 더딘 이유,
실수한 후 복구가 더딘 이유,
다 체력의 한계 때문이야.

체력이 약하면 빨리 편안함을 찾게 되고,
그러면 인내심이 떨어지고,
그리고 그 피로감을 견디지 못하면,
승부 따위는 상관없는 지경에 이르지.

이기고 싶다면,
니 고민을 충분히 견뎌줄 몸을 먼저 만들어.
정신력은 체력의 보호 없이는
구호밖에 안 돼."

유재석은 자신이 활동하고 있는 버라이어티 환경에서 더욱 큰 재미를 이끌어내기 위해 체력을 길렀다. 하지만 그의 체력이 단지 버라이어티에서만 빛을 발하는 것은 아니다. 그가 하는 모든 일에서 체력은 그의 단단한 버팀목이 되어줄 것이다. 우리도 마찬가지다. 우리가 하는 일이 체력과는 크게 관계없는 일이라고 생각하기 쉽다. 그러나 현재를 사는 사람이 하는 거의 모든 일은 다 체력과 관계가 있다. 사무직도 체력에 의해서 많은 차이를 만들어낼 수 있다.

우리는 체력을 경시하는 나라에 살고 있다. 학창시절부터 '체육'이 갖는 중요성은 내다버린 지 오래다. 그래서 몸이 약한 사람, 몸 때문에 괴로워하는 사람, 스트레스를 이기지 못하는 사람이 넘친다. 무너지는 정신을 받쳐줄 체력이 없어서 술로 고통을 피하고, 정신을 더 피폐하게 만드는 사람들도 많다. 급하게 할 일이 있는데 체력이 모자라 일을 마치지 못하는 사람들, 공부를 더 해야 하는데 체력이 약해서 시간을 내지 못하는 사람들이 부지기수다. 이제는 체력의 중요성에 대해 명확하게 인지해야 할 필요가 있다.

유재석은 체력을 길렀다. 일을 제대로 하기 위해서. 우리도 체력을 길러야 한다. 우리의 일을 잘 해내기 위해서. 체력은 자기관리의 가장 첫 걸음이자 가장 중요한 핵심이다.

유재석의 능력관리

유재석은 말을 하는 사람이다. 그리고 말을 잘하는 사람이다. 예로부터 말을 잘하는 사람들에게는 거의 일반적이라고 봐도 좋은 공통점이 있다. 바로 똑똑하다는 점이다. 똑똑하지 않으면 말을 잘하기 힘들다. 물론 여기에서의 똑똑함이란 '글자'와 관련한 똑똑함이다.

말을 잘하려면 상대가 하는 말을 빠르게 인식하고, 처리하고, 분석해야 하며, 무엇이 핵심이고 무엇이 곁다리인지를 구분해야 한다. 이걸 의식해서 하는 것이 아니라, 당연하고 자연스럽게 해야 한다. 또한 말을 할 때도 내가 전하고자 하는 의도를 가장 알맞게 표현할 수 있는 어휘를 생각해야 하고 표현법을 떠올려야 한다. 그리고 이렇게 떠올린 표현을 적절한 시기에 말해야 한다. 말을 잘하는 것이 생각보다 어려운 이유가 바로 이 때문이다. 말을 잘하기 위해서는 매우 많은 요소들이 잘 맞아 떨어져야 한다. 따라서 말을 잘하려면 기본적으로 말을 구성하는 '글자'와 친해야 하고, 글자를 마음대로 가지고 놀 줄 알아야 한다.

글자와 친해지는 방법은 간단하다. 글자를 누구보다 많이 접하면 된다. 원래 자주 보면 친해지고, 같이 교류하다 보면 가까워지는 법이니까. 글자도 이와 같다. 글자를 자주 접하고 교류하다 보면 가까워지고, 가까워지면 내 마음대로 가지고 놀 수 있게 되는 것이다. 그래서 말을 잘하는 사람들은 기본적으로 '글자'를 많이 접했을 가능성이 높다.

글자를 접하는, 그것도 많이 접하는 가장 좋은 방법은 누가 뭐래도 '책'이다. 책에는 책마다 다른 다양한 글자와 표현들이 넘쳐흐른다. 서울에 사는 사람은 주로 서울말만 접하겠지만, 책을 읽는 사람은 지방의 다양한 표현들도 함께 접할 수 있다. 과학에 대한 책을 읽으면 내가 몰랐던 과학적 표현이나 글자들도 접할 수 있다. 책을 읽은 사람과 그렇지 않은 사람이 접하는 글자의 양은 엄청난 차이를 지닌다. 따라서 얼마나 많은 책을 읽느냐가 말하는 사람의 실력을 결정짓는 매우 훌륭한 잣대가 될 수 있다. 그 정도로 책은 '말하는 사람'에게 필수적이다. 말을 하는 사람이라면 자기의 성장을 위해서 절대로 책에서 손을 놓으면 안 된다.

유재석은 책을 많이 읽는 것으로 유명하다. '무한도전'의 '정 총무가 쏜다'편을 보면, 서점 주인이 유재석이 책을 자주 사러 온다고 말했다. 또 '런닝맨'의 '이상한 나라의 런닝맨'편에서는 자신의 가방에서 책을 꺼내는 유재석을 볼 수 있다. 하하에게 자신과 함께 책을 보자는 식으로 말하기도 한다. 유재석이 평상시에도 손에서 책을 놓지 않고 있다는 것을 알 수 있다. 물론 책을 읽는 것이 유재석의 취미라고 알려진 만큼, 이것을 특별한 자기관리라고 칭하는 것이 좀 과하게 여겨질 수도 있다. 하지만 그가 일하는 데 있어서 독서의 효과는 매우 중요한 것이기 때문에, 이를 그냥 취미로만 취급하는 것은 그 의미를 너무 깎아내리는 것으로 보인다. 말하는 것을 직업으로 삼는 사람에게 있어서 책은 그만큼 필수적이다. 유재석은 꾸준한 독서를 통해 내실을 다지고 있다.

유재석은 TV도 자주 보는 것으로 알려졌다. 물론 TV는 우리 모두 자주 본다. 그러나 그에게 TV는 단순히 즐거움을 위해서 보는 것이 아닐 것이다. 그의 방송을 관찰하다 보면, 유재석이 TV를 통해 그 당시의 연예계 흐름과 유행을 열심히 파악하고 있는 것을 알 수 있다. 이렇게 쌓은 정보는 방송을 통해 다시 재생산되기도 한다. 빅뱅이 '거짓말'을 불러 전국적인 열풍을 불러일으켰을 때, 유재석은 방송에서 적극적으로 "암쏘리 벗알러뷰 다 거짓말"을 외치며 춤을 췄다. 그 당시 최고의 트랜드가 빅뱅이라는 것을 알았던 것이다. 이 인연으로 빅뱅의 뮤직비디오를 패러디하기도 했고, 후에 '형용돈죵'까지 방송에서 선보일 수 있었다. 최근에는 선미의 '24시간이 모자라'를 패러디하면서, 역시 유재석이라는 찬사를 이끌어냈다. 그러므로 그가 보는 TV는 즐기기 위한 것이 아니라, 방송을 위한 재료를 축적하는 시간이라고 볼 수 있다.

어떤 한 분야에서 오래 활동하고 전문가가 되어갈수록, 해당 분야의 새로운 소식에 둔감해지는 경향이 있다. 똑같은 일을 오래 반복해서 했고 기본적인 것들은 이미 체화된 지 오래이기 때문에, 구태여 새로운 것을 익히지 않아도 살아가는 데 큰 지장이 없다. 게다가 새로운 것을 파악하고 익히는 것은 언제나 '피로'를 동반한다. 많은 전문가가 지금까지 자신이 해온 경험과 노하우를 믿고, 새로운 것에 거리를 두는 것은 바로 이 피로 때문이다. 그리고 우리는 이런 사람들을 '매너리즘' 에 빠졌다고 말한다.

유재석은 방송인이다. 그는 TV를 통해 현재의 추세를 읽고, 새로운 것을 기가 막히게 받아들인다. 물론 혹자는 TV 보는 것이 자기 계발 이라면 나도 백 번 천 번 하겠다고 말하며 이를 폄하할 수도 있다. 하 지만 아무리 편해 보이는 것도 일이 되면 쉽지 않다. 매일 게임만 해서 즐거울 것 같은 프로게이머들도 매일 전략을 짜느라 밤을 새고, 손목 에 무리가 와서 스트레스가 이만저만이 아니라고 한다. TV를 보는 것 도 마찬가지다. 일이 되면, 그때는 쉽지 않다. 개인적으로 나도 TV를 보는 것이 일이다. 방송에 대해 분석해달라는 요청을 꽤 많이 받는다. 그런데 한 번도 보지 않은 작품에 대해 분석할 때는 몇 시간 내내 하 나의 프로그램만 봐야 한다. 그 프로그램이 재미있다면 그나마 좀 나 은데, 전혀 재미도 없고 관심도 없는 프로그램이라면 그 고통은 엄청 나다.

유재석은 과거에 오랜 무명시절을 겪었다. 이 당시 그는 '무대 울렁증' 이 있어서 고생을 많이 했다. 유재석과 오랜 동료였던 김용만 씨에 따 르면, 유재석이 공개방송에서 실수하자 PD가 사람도 많은 곳에서 대놓 고 3주간 쉬라고 이야기했다고 한다. 바로 그때부터 유재석은 무대 울 렁증으로 더욱 고통 받게 됐다. 덕분에 무명시절은 길어지고, 무대 울 렁증과 무명의 어려움은 그를 더욱 힘들게 했을 것이다. 그런 그가 다 시 활동을 재개할 수 있도록 만들어준 계기가 바로 '서세원쇼'의 토크 박스이다. 유재석은 토크박스에 출연해 큰 웃음을 만들어냈고, 결국 그는 '동거동락'이라는, 지금의 그를 있게 만들어준 프로그램에 출연할 수 있게 됐다.

유재석은 무명시절 동안 지속해서 TV를 모니터했다. 그래서 앞으로 방송 추세가 '서세원쇼'처럼 재밌는 토크 중심으로 바뀔 것으로 예측하고, 그에 대해 준비했다. 또한 울렁증 극복을 위해서 TV를 보는 중에 MC가 게스트에게 질문을 하면 바로 화면을 정지시키고 자신이 직접 대답을 해보는 등, 꾸준히 토크 위주의 방송에서 잘할 수 있도록 스스로를 발전시켰다. 바로 이런 노력이 합쳐져 그는 좋은 기회를 잡을 수 있었고, 마침내 국민 MC가 될 수 있었다.

그는 자신의 내실을 다지기 위해서 실망과 어려움으로 가득한 순간에도 꾸준히 노력했다. 자신의 분야를 지속해서 관찰하고, 공부하고, 연습했다. 심지어 국민 MC가 된 이후에도 꾸준히 그런 노력을 계속하고 있는 것으로 보인다. 유재석이 계속해서 책을 보고 방송을 보는 것은, 새로운 환경에 뒤처지지 않겠다는 그의 의지를 보여준다. 덕분에 그는 주제형 토크쇼[15] '나는 남자다'를 빠르게 시도하기도 했다.[16] 그가 국민 MC로서 수년간 독보적인 존재로 있을 수 있는 것은 바로 이렇게 매너리즘에 빠지지 않고 계속해서 내실을 다졌기 때문이다.

---

15) 2014년에 유행하는 토크쇼 형태로서, 특정 주제를 잡아 그 주제에 대해서 이야기하는 방식을 말한다. 이 경우 출연진은 고정되는 것이 일반적이며, 5~10명 이상의 출연진이 있고, 매회 주제를 바꿔가며 이야기를 한다. '마녀사냥', '비정상회담', '로맨스가 더 필요해', '나는 남자다'등이 대표적인 작품들이다.

16) '나는 남자다'는 20회 시즌제로 제작됐으며, 2014년 12월 현재 20회로 종영 예정이다. 하지만 초반에 비해 현재는 프로그램이 자리를 잡고 재밌어졌다는 평이 이어지고 있어, 시즌제를 선택한 것이 오히려 악수가 되었다고 판단한다.

나의 자리에서 계속 노력하고 애쓰는 것, 앞으로 나아가기 위해 노력하는 것은 우리가 유재석에게 배워야 할 가장 중요한 점 중의 하나다. 사회는 우리에게 어떤 마지노선을 정해놓는다. 대학 가라, 취업해라, 결혼해라. 우리는 이 미션을 마무리지으면 일이 끝난다고 생각해버린다. 하지만 대학을 가고 나서도, 취업하고 나서도, 결혼하고 나서도 우리의 삶은 계속된다. 그러므로 우리는 계속해서 발전하기 위한 노력을 해야한다. 꾸준히 공부해야 하고, 꾸준히 익혀야 하며, 꾸준히 성찰해야 한다. 특히 이렇게 빠르게 변하는 세상에서 가만히 있다가는, 자신이 원하지도 않는 사이에 그 자리에서 도태될 수도 있다. 지금 손에 쥐고 있는 것에만 만족하고 있다가는, 손안의 모래알이 빠져나가듯이 모든 걸 잃을 수도 있다는 것을 명심할 필요가 있다. 우리는 계속 애써야 하고, 나아가야 한다. 손에 쥔 것이 있든 없든지 간에.

음악 소리가 귀청을 찢을 만큼 쿵쿵 울리는 밤무대. 현란한 조명 아래서 한 초보 개그맨이 허둥거리고 있습니다.

"안녕하세요, 반갑습니다, 안녕하세요, 반갑습니다."

수없이 많이 연습을 했는데도, 무대에 올라가서는 "안녕갑세요."바보 같은 말을 늘어놓고, 분위기 띄우는 멘트를 하려고 중간에 음악을 끊었다가, "너 뭐하는 거야!"이렇게 손님들에게 면박을 당하기도 했어요.

아니나 다를까, 어찌어찌 무대를 마무리하고 내려오니, 업소의 사장은 단단히 화가 나 있습니다.

"내일부터는 나오지 마세요."

신경질적인 사장의 말에 그의 고개가 푹 숙여지네요.

'아 이놈의 무대 울렁증을 어떡하나? 여기서도 이렇게 바보처럼 구는 내가, 방송은 무슨 방송을 하겠어.'

푹 숙인 고개를 차마 들지 못합니다.

초등학교 시절부터, 그는 오락반장을 도맡는 재미있는 아이였습니다. 집안 사정 때문에 쉴 새 없이 전학을 다니는 바람에 낯가림이 심해지고, 성격도 소심하게 변했지만, 막상 놀 수 있는 공간이 마련되면, 그땐 어김없이 맨 앞에 서서 사람들의 시선을 사로잡곤 했어요. 그러니 언제나 공부보다는 재미있는 장난에 더 관심이 많았고, 누가 장래희망이 뭐냐고 물으면, 두말없이 개그맨이라고 대답을 했죠.

다행히 재능도 있었던 모양입니다. 스무 살 때, 한 방송사가 주최한 '대학 개그제'를 통해 어렵지 않게 개그맨으로 데뷔할 수 있었거든요.

하지만 막상 나와보니, 경쟁은 상상보다 훨씬 치열했습니다. 영구, 맹구 같은 바보 캐릭터가 인기를 끌던 그때, 그는 내세울 수 있는 개인기도 없었고, 잘나가는 동료들을 보면, 마음은 더욱더 불안해졌어요. 나중에는 무대 울렁증까지 생길 정도였죠. 그래서 딴에는 그걸 극복해보겠다고 밤무대까지 나선

유 재 석 배 우 기

건데, 그것마저 망쳐버렸으니, 모든 일에 의욕을 잃을 수밖에요.

'나는 가능성이 없나 보다.'

혼자 끙끙거리며 속앓이를 하던 그는 결국 일을 그만두고, 호프집 아르바이트를 하며 시간을 보냈습니다. 그런데 그때 친한 형이 찾아와서 그를 설득해요.

"누구한테나, 언젠가 한번은 기회가 온다."

이 말은 또 한 번 그의 마음을 움직였고, 그는 마지막이라는 생각으로 다시 자신을 몰아붙이기 시작합니다. 오락 프로그램을 녹화해서 보면서, MC 멘트가 나오면 정지 버튼을 누르고, '나라면 무슨 말을 할까….'고민하고 연습했고, 우스꽝스러운 탈을 쓰고 리포터로 전국을 누비면서, 카메라 울렁증을 극복하려고 애썼어요.

그러자 얼마 후, 정말 기적처럼 기회가 찾아왔습니다. 유명한 예능 프로그램의 메인 MC로 캐스팅된 거예요. 탤런트 최진실 씨가, 토크쇼에 나온 그를 보고 추천했죠. 이렇게 해서 맡게 된 프로그램이 바로 '목표달성 토요일의 동거동락'. 이 프로그램이 큰 인기를 끌면서, 그는 그때부터 수많은 프로그램에서 진가를 발휘하기 시작합니다. 그리고 이젠 누구나 인정하는 예능계의 일인자가 됐습니다.

외로웠던 시련의 시간을, 성공의 발판으로 삼았던 이 사람.

개그맨 유재석입니다.

- 전종환의 뮤직 스트리트 '길을 묻다'중에서

유재석의 일 관리

유재석의 체력관리, 능력관리를 보면, 이 모든 것이 그가 하는 일과 관련되어 있다는 것을 알 수 있다. 자신의 일을 오래 하기 위해서, 자신의 일을 잘하기 위해서, 자신의 약점을 극복하기 위해서 그렇게 그는 꾸준히 자기 관리를 하고 있다. 그런데 그는 단순히 자기관리만 하는 것을 넘어 심지어는 그가 하는 '일'자체를 관리하기도 한다.

그가 자신의 일을 제대로 하기 위해 얼마나 노력하는지를 잘 보여주는 예가 있다. 과거에 '무한도전'에서 스태프들에게 같이 여행 가고 싶은 멤버를 투표하게 한 적이 있다. 유재석은 4위를 했다. 생각보다 낮은 순위를 받아서 의아했지만, 그 이유를 듣고 나니 고개가 끄덕여졌다. 유재석이 같이 여행 가고 싶은 멤버 4위가 된 이유는 '여행 가서도 회의하자고 할까 봐'였다. '무한도전'의 책임 프로듀서를 맡고 있던 여운혁 PD 역시 유재석의 이런 회의 습관에 관해서 얘기한 바 있다. 여운혁 PD는 "일에 있어서 유재석은 처음부터 제작진의 말을 잘 들어주고, 계속 회의에 참석해 꼼꼼하게 체크하는 편"이라고 밝혔다. 그가 일을 성공적으로 만들기 위해서 얼마나 노력하는지를 보여주는 예라고 볼 수 있다. 심지어 방송사 파업 때문에 '무한도전'이 장기 결방되고 있는 상황에서도 매주 출연진들과 만나서 회의한다는 이야기가 들려오는 것을 보면, 그가 자기 일을 얼마나 열심히 하고 관리하는지를 알 수 있다.

그는 방송의 성공을 위해 출연진들의 관계에도 신경을 쓴다. 유재석은 하하와 정형돈이 붙어 다니는 것을 싫어했다. 이유는 하하와 정형돈이 '무한도전'내에서 술을 가장 좋아하기 때문이었다. 현재 대한민국의 예능계는 리얼 버라이어티가 장기 집권하고 있다. 리얼 버라이어티는 장르의 특성상 한두 명이 잘하는 것보다는, 모든 출연진이 함께 관계를 이루고 합을 맞출 때 훨씬 더 큰 재미를 만들어낼 수 있다. 리얼 버라이어티의 생명은 출연진과 출연진의 시너지, 즉 호흡이다. 그러므로 만약 이미 호흡을 다 맞춰놓은 출연진이 일신상의 이유로 방송 중간에 하차하게 된다면, 그것은 단 한 명의 하차라기보다는 프로그램 전체에 상당히 큰 부담을 주는 일이 된다. 또한 출연진 한 사람의 실수가 프로그램 전체에 상당한 부담을 주는 경우도 많아졌다. 리얼 버라이어티의 모든 출연진은 '한 가족'과 같은 호흡이 필수이기 때문에, 한 출연진의 잘못이 모든 출연진의 잘못처럼 여겨지는 경우도 상당히 많기 때문이다. 이런 상황을 고려해볼 때, 유재석이 하하와 정형돈의 사이를 걱정했던 것을 충분히 이해할 수 있다. 기본적으로 술은 언제나 문제를 일으키는 경향이 있기 때문이다. 이런 그의 걱정 때문인지, 우려했던 정형돈과 하하는 현재까지 아무 문제 없이 방송하고 있다. 그러나 유재석이 철석같이 믿었던 노홍철의 음주는 '무한도전'을 흔드는 것을 넘어, 유재석의 힘도 빼놓을 것으로 보인다. '무한도전' 내에서 노홍철의 입지와 길에 이은 두 번의 멤버 이탈을 생각해볼 때, 이 같은 결과는 유재석에게 아주 큰 악재임이 분명하다. 오랫동안 주변 관리를 잘해온 그에게도 결국 이런 사달이 날 수 있는 것을 보면, 평상시의 관리가 얼마나 중요한지 알 수 있다. 유재석은 이 같은 위기를 무한도전 '유혹의 거인' 편으로 정면 돌파했다. 유재석과 제작진이 함께 기획한 이 방송은 유재석이 문제가 생긴 자신의 일을 어떻게 다시 한 번 다잡았는지를 보여줬다. 1년 사이에 일어난 길과 노홍철 두 멤버의 음주운전은 '무한도전'에 아주 큰 부담이었다. 동시에 유재석의 일 관리에 구멍이 생겼음을 알려주는 신호이기도 했다. 특히 노홍철이 지니고 있던 무게감은 길과는 달랐다. 유재석의 일이 흔들리고 있었다. 이 상황에서 그는 몰래카메라를 실시한다. 4명밖에 남지 않은 출연진들이 다시는 술로 인한 문제를 만들지 않도록 아예 '음주 유혹' 몰카를 기획해 버린 것이다. 이를 통해 시청자들은 출연진들의 마음가짐이 어떤지를 알 수 있었다. 정준하는 대차게 술을 거절했고, 정형돈, 박명수, 하하도 가급적 자리를 피하기 위해 최선을 다했다. 시청자는 이를 보고 프로그램을 다시 신뢰할 수 있게 됐다. 동시에 이를 방송해 버리면서 출연진들은 '술자리'를 더욱 확실히 피할 수 있는 이유를 갖게 됐고 언제 또 이러한 몰래카메라가 방송될지 모르기 때문에 스스로도 더욱 조심하지 않으면 안 되는 상황이 됐다. 시청자에겐 재미와 신뢰를, 출연진에게는 경고와 마음가짐을 전달한 것이다. 완벽한 일 관리였다.

'무한도전'멤버들은 카메라가 돌고 있을 때, 쉬지 않는 것으로도 유명하다. 너무 힘들어서 당장 쓰러질 판국에도 그들은 쉬지 않고 웃음을 만들어낸다. 이유는 단순하다. 카메라가 도는데 어떻게 쉬고 있느냐는 것이다. 그렇게 그들은 미친 듯이 촬영을 이어간다. 이것을 가르친 것이 바로 유재석이다. 유재석은 카메라가 돌고 있을 때는 절대 쉬지 않는 것으로 유명하다. 이것은 제작진에 대한 그의 배려이기도 하고, 그가 제대로 일을 하기 위해서 하는 자기관리이기도 하다. 방송인으로서 카메라가 돌고 있는 동안에는 어떻게 해서든지 웃음을 만들어내기 위해 노력하는 것, 그것이 방송인 유재석이 보여주는 가장 멋진 모습이다. 그리고 그러한 그의 자세는 그와 함께 일하는 동료들에게로 퍼져 나간다. '런닝맨'을 봐도 '무한도전'을 봐도, 유재석과 함께하는 출연진들은 카메라 앞에서만큼은 정말 성심성의껏 자신의 분량을 만들어내려는 모습을 보여준다.

'무한도전'레슬링 편에서 출연진들은 다 같이 지옥훈련을 떠난다. 훈련 중에 출연진들끼리 두 팀으로 나누어 대결하고, 승리한 팀은 진 팀이 식사를 준비하는 동안 편하게 방안에서 쉴 수 있는 권리를 부여받았다. 레슬링 훈련으로 인해서 출연진은 이미 삭신이 피로한 상태였고, 카메라 앞에서 앓는 소리를 잘 하지 않는 유재석조차 살려달라고 말할 정도로 지쳐 있는 상황이었다. 이 대결에서 승리한 출연진들은 당연히 뻗어서 푹 쉬어야 할 상황이었다. 그런데 갑자기 쉬어야 할 출연자들이 일어나서 게임을 하기 시작했다. 그리고 정형돈은 이렇게 말한다.

"카메라 도는데 어떻게 쉬고 있냐고!"

유재석이 항상 하는 말이었다. 이렇게 유재석의 정신은 동료들에게 퍼져가고 있다. 바로 여기에서 유재석이 출연하는 방송이 왜 오래가는지, 왜 오랫동안 사랑받는지를 알 수 있다. 보통 여러 명이 단체로 나오는 방송의 경우에는 모든 출연진이 다 최고의 컨디션일 수 없다. 하지만 유재석과 함께라면 모든 출연진이 최선을 다할 마음가짐을 이미 갖추고 있다. 컨디션이 좀 떨어지는 동료를 위해 언제든지 더 애써줄 사람이 있다면, 당연히 그 프로그램은 오래갈 수밖에 없다. 이를 보면 유재석의 가치가 얼마나 큰지를 알 수 있다.

그는 매우 철저하게 자기 일을 관리한다. 제작진과 질릴 정도로 계속해서 회의하고, 심지어 같이 촬영하는 출연진들의 생활 습관, 일에 대한 마인드까지도 관리한다. 그렇게 그는 그를 중심으로 한 모든 관계자와 호흡을 맞추고, 재미를 이끌어내고, 시청자에게 만족을 주려 노력한다. 이런 그의 외골수적인 일 관리야말로 그의 성공을 가장 잘 설명해주는 이유 중의 하나이다. 일반적으로 자신이 하는 일에 대해서 유재석처럼 집중하고 노력하기란 쉽지 않다. 일이 주는 스트레스가 있고, 일에서 벗어나고 싶은 욕구도 있다. 자신의 노력이 정당한 대우를 받지 못한다는 짜증도 있을 것이다. 무엇보다 일이라는 것 자체가 재

믾고 신나는 것이 아니므로, 일에 몰입한다는 것은 쉽지 않다. 그럼에도 불구하고 유재석의 경우를 보면, 자신의 일에 몰입하고 일을 관리해 나가는 것이 얼마나 중요한지를 알 수 있다.

일부 사람들은 이렇게 얘기하기도 한다.

"나도 저렇게 뛰어놀고, 재밌게 게임을 하고, 그런 일이라면 얼마든지 할 수 있다."

과연 그럴까? 그렇지 않다는 것을 이미 알고 있을 것이다. 보기엔 쉬워도, 실제로는 그 일을 하기 위해 얼마나 큰 노력을 해야 하는지, 그리고 아무리 재밌어 보이는 일도 그것이 일이 되는 순간 재미로 남지 못한다는 것쯤은 갓난아기가 아니라면 모두 알고 있으니까. 그렇기에 자신의 일에 몰입하고 관리하는 것, 나뿐만 아니라 주변까지도 그렇게 만드는 것, 그래서 나의 일에서 오랫동안 성공적인 모습을 이어가는 것, 그런 모습 또한 우리가 유재석으로부터 배워야 할 것이다.

유재석의 사생활 관리

　연예인은 공인이다. 사실 공인이라는 단어의 개념을 어떻게 정의해야 하는지에 대해서는 지금까지도 의견이 분분하다. 개인적으로 연예인을 완벽한 공인으로 보지는 않는다. 하지만 여기서는 연예인을 공인의 범주에 넣는 것으로 미리 단어를 정의하도록 하자. 연예인을 공인의 일부로 정의하는 것의 바탕에는 연예인의 사생활이 대중에게 쉽게 노출된다는 점, 그리고 많은 이들이 연예인과 연예인의 개인적인 일에 관심을 갖는다는 점이 깔려 있다. 즉 사생활에 대한 대중의 관심과 사생활이 노출될 가능성을 기준으로 판단했을 때 연예인은 공인이다. 물론 연예인의 발언 하나하나가 사회에 큰 영향을 끼칠 수 있다는 점에서도 그들을 공인이라고 부를 수 있다.

　내가 연예인이 공인인가 아닌가 하는 여부에 대해서 장광설을 늘어놓는 것은 연예인의 사생활 이야기를 해야 하기 때문이다. 연예인의 사생활은 보호받지 못한다. 그리고 과거에 비해 그 정도가 더 심해지고 있다. 이제는 한국에서도 어렵지 않게 다양한 파파라치 사진들을 볼 수 있고, 연예인의 일거수일투족이 다양한 경로를 통해 실시간으로 전송되고 있다. 트위터나 페이스북 같은 SNS로 인해 정보의 전달 속도는 상상을 초월할 만큼 빨라졌다. 그 범위 또한 기존의 어떤 매체와도 비할 수 없이 넓어졌다. SNS 매체의 파급력과 파장은 이미 상상의 범위를 넘어선 지 오래다. 게다가 즉석에서 바로 사진을 찍어 전송할 수 있는 스마트폰을 전 국민이 한 대씩 지니고 있으니, 이미 대한민국은 전 국민의 파파라치화가 이뤄진 곳이라고 할 수 있다.

이런 상황에서 연예인은 사생활을 심각하게 침해받는다. 과연 이것을 어디까지 받아들여야 하는지에 대해서 꽤 많은 논의가 이어지고 있다. 어쨌든 중요한 것은 사생활의 노출이 연예인에게는 일을 모두 중단해야 할 정도로 심한 타격을 입힐 수 있다는 사실이다. 연예인들은 대중으로부터 많은 관심을 받고 있고 쉬운 가십거리가 되기 때문에, 사생활이 더욱 빠르게 전파, 유통되는 경향이 있다. SNS에 글 하나 잘못 올렸다가 사달이 난 연예인도 많고, 사진 하나 잘못 찍힌 것이 퍼져서 큰 난리를 겪는 일도 많다. 연예인에게 사생활 관리는 그 어느 때보다 중요해졌다. 그러므로 유재석의 깨끗한 사생활 관리는 그가 구설수 없이 오랫동안 최고의 위치에 있을 수 있는 가장 큰 이유 중의 하나라고 볼 수 있다.

우선 그는 술을 마시지 않는다. 대한민국은 유독 술에 관대한 문화를 지니고 있다. 술을 마시면 잘못을 해도 어느 정도 용서될 만큼 술에 대해 관대하고 술을 사랑한다. 그만큼 다양한 술 문화를 지니고 있다. 동시에 술 때문에 발생하는 사건 사고도 매우 잦다. 술 먹고 싸움을 벌이는 경우는 너무 흔하고, 남녀간의 성적인 문제도 심심찮게 발생한다. 음주 운전은 셀 수 없이 많이 일어난다. 술 자체가 문제는 아니지만, 술이 문제를 일으킬 소지가 많다는 점은 주지의 사실이다. 그런 점에서 술을 마시지 않는 것은 유재석에게 매우 득이 되는 일이다. 그는 술로 인한 구설수를 피할 수 있고, 또한 실수하지 않을 가능성이 높다. 술로 인한 실수, 혹은 술 때문에 발생한 수많은 문제에 대해서 우리는 익히 알고 있다. 연예인들의 음주 운전은 반복해서 일어나고 있으며, 술자리에서 행패를 부리는 연예인 또한 많다. 이들은 방송에서 퇴출당하거나 출연하던 프로그램에서 하차해야 했다. 얼마간의 자숙기간 후엔 자신의 능력 덕분에 다시 연예인으로서 활동하지만, 예전만큼의 인기를 유지하지는 못한다. 음주 운전은 연예계에서 가장 많이 반복되는 사고 중의 하나인데도 이 문제가 끊임없이 발생하는 것을 보면, 음주 문제는 단순히 피할 수 있는 것은 아닌 것 같다.

한국에는 술이 좋다는 이유로, 현실을 회피하고 싶다는 이유로, 어쩌면 술로 인해 발생할 수 있는 욕망의 추구를 위해, 술을 조절하지 못하거나 조절하지 않는 사람들이 정말 많다. 살면서 이 때문에 후회할 일을 겪는 사람이 너무 많다. 주위에 널렸다. 물론 직종에 따라서 술을 마시는 것이 업무에서 꽤 중요한 부분을 차지하는 경우도 있다. 그런 경우에는 당연히 술을 마셔야 한다. 먹고 살아야 하니까. 대신 자신을 잘 가누고, 실수하지 않도록 애써야 한다. 정신 바짝 차리고 말이다. 하지만 연예계는 일에 있어서 술이 그렇게 큰 의미를 차지하는 곳은 아니다. 술을 마셔야 일이 진행되는 곳도 아니고, 술을 마셔야 방송을 할 수 있는 것도 아니기 때문이다. 하지만 다양한 사람을 만나고 교류해야 한다는 점에서 연예계는 술이 꽤 중요한 곳이기도 하다. 방송은 곧 인맥이다. 내가 형성한 인맥이 있어야 방송도 할 수 있고, 좋은 제의도 받을 수 있기 때문이다. 이렇게 따지면, 방송에서 술은 꽤 중요하다. 유재석은 이런 상황에서도 술을 마시지 않는다.

> "룸살롱은 말할 것도 없고 나이트클럽에도 절대 안 가는 별종이었다. 어렵게 유명해진 만큼 사소한 실수로 추락하고 싶지 않다는 게 이유였다. 선천적으로 술도 못 마시고 유흥과도 담을 쌓고 산다. PD나 작가들과 회식할 때도 술을 권하면 10분 앉아 있다가 화장실 간다며 집에 가버리는 친구다."[17]

유재석이 술을 마시지 않는 건 그가 술이 약하기 때문이다. 그럼에도 불구하고 마시고자 한다면, 충분히 마실 수 있다. 주변에 술이 약해도 술 좋아하는 사람들 꽤 많다. '나는 남자다'에서 그는 자신이 정준하가 준 맥주 두 잔을 마시고 뻗었다고 말한다. 술을 못 한다는 것이다. 그럼에도 불구하고 그가 술을 마시지 않는 건 분명한 그의 선택이다.

나이트클럽 이야기도 해볼 필요가 있다. '압구정 날라리'라는 노래를 살펴보면, 그가 클럽 같은 곳에 놀러 다녔다는 것을 알 수 있다. 하지만 성공한 이후에는 그런 곳에 가지 않고 있다. 자신의 성공을 지키고 싶기 때문이다. 이런 지독한 그의 자기관리는 집과 촬영장, 헬스장 밖에 모르는 행동 패턴을 만들어냈다. 덕분에 그는 구설수에 오를 일

---

17) 유재석 과거 소속사 G패밀리 대표 김해성 씨의 말

도 없고, 자신이 쌓아놓은 것을 한꺼번에 무너트릴 일도 없어졌다. '나는 절대 실수하지 않아.'라고 자기를 과대평가하며 믿기보다는, 아예 실수할 만한 상황 자체를 만들지 않는 그의 방식은 마치 수도승의 그것과도 같다.

이런 그의 삶을 답답하게 여기는 사람도 있고, 걱정하는 사람도 있다. 한 방송작가는 "유재석은 약간 병 같다."라고 표현하기도 했다. 남이 보기에 병적인 것으로 보일 정도다. 하하는 '무한상사'편에서 유재석을 보면서 이렇게 말한 적이 있다.

"나도 내 일이 있는데, 헬스장 갈 때도 전화하고 그러면 나보고 어쩌란 거냐. 친구 없나 하는 생각도 들고, 혼자 지내나 하는 생각도 든다. 친구 좀 만들어라, 그러다 혼자된다."

이 말을 들어보면 유재석이 사생활을 관리하는 것을 넘어 사생활을 상당히 제한하는 것으로 보인다. 일반적으로 이렇게 하기는 정말 쉽지 않고, 상식적으로도 조금 과하게 여겨지는 것이 사실이다. 박명수는 분명히 유재석에게도 빈틈이 있을 것으로 생각했다. 그래서 술집에 몰래 가거나 세트를 지어놓고 노는 건 아닌지 의심도 했다[18]고 밝혔다. 결론적으로 의심은 의심으로 끝났다. 그는 그저 자신이 쌓아놓은 것을 무너트리지 않으려 애쓸 뿐이다.

---

18) '해피투게더'200회 특집 중

또한 유재석은 자신이 하는 일 이외에 다른 일을 하지 않는다. 다양한 연예인들이 부업을 하거나 자기만의 사업을 하는 데 반해, 유재석은 처음부터 끝까지 오직 방송만 파고 있다. 자기의 주업을 제외하고 다른 일을 하지 않는 것 또한 사생활 관리의 한 범주로 집어넣을 수 있다. 왜냐하면 연예인들이 부업을 할 때, 그 부업으로 인해 구설에 오르거나 본업에 심각한 위기를 초래하는 경우가 있기 때문이다. 특히 연예인은 사업에 대한 지식이 많이 없는 경우가 대부분이므로 주변인과 손잡는 경우가 많다. 그런데 바로 이 때문에 사업상 문제가 발생하곤 한다. 스스로 사업에 대한 지식이 없다보니 지인이 마음대로 사업을 운영하거나 심지어는 횡령을 하기도 한다. 이렇게 문제가 발생하면 가장 피해를 보는 것은 유명세가 있는 연예인이다. 김창렬 씨의 경우에는 자신의 이름을 딴 브랜드의 음식 양이 현저하게 적은 것이 논란이 되어, 이제는 '창렬'이 가격에 비해 아주 부실한 내용물을 지닌 것을 지칭하는 단어로 사용되게 됐고, 이미지가 안 좋아졌다. 이에 반해 유재석은 아예 다른 일을 하지 않기 때문에 문제가 발생할 수 있는 환경 자체를 피하고 있다. 술에서 볼 수 있듯이, 그는 애초에 문제가 발생할 환경 자체를 용납하지 않는 것이다.

개인적으로 유재석의 이런 사생활 관리를 100% 본받아야 한다고 생각하지는 않는다. 오직 일, 집, 운동만을 반복하는 그의 사생활을 무작정 따라했다가는 심각한 부작용을 느낄 수 있다고 보기 때문이다. 이런 금욕적인 생활은 사람에 따라 상당한 정신적 스트레스를 동반할 수 있고, 때로는 대인관계에 어떤 장애를 유발할 수도 있다. 따라서 유재석과 같은 형태의 엄격한 사생활 관리는 함부로 따라하기에 바람직하지 않다. 단, 문제를 일으킬 만한 소지를 최대한 줄이고, 자기 일에 최선을 다할 수 있는 상태로 자신의 사생활을 제한하는, 그 방식만은 분명히 배울 필요가 있다. 자기의 환경을 고려하여 문제가 발생할 수 있는 소지를 최대한 줄일 수 있도록 사람을 제한하고, 유흥을 제한하는 것, 그리고 성공하면 할수록 더 마음껏 즐기려 들지 않고 더 조심하려는 그의 자세는 모든 이들이 본받아도 좋고, 또 반드시 해야 할 자기 관리의 비법이다.

우리는 더 많이 이룰수록 더 많이 누리려 한다. 이는 모든 사람이 지니고 있는 아주 기본적인 성향이다. 성공하면 할수록 일에 대한 노력은 줄고, 더 많이 누릴 것들을 찾는다. 성공을 경험한 사람들은 그렇게 자신의 성공을 잃어간다. 찬란하게 발하던 성공의 빛은 더 밝은 빛을 지닌 존재의 등장으로 인해 사라지기보다는, 자신의 오만과 실수로 사그라지는 것이 일반적이다. 그래서 최고의 위치에 있을 때, 가장 조심해야 하는 것은 남이 아닌 자기 자신이다.

자신이 원하는 성공이 아닐지언정, 우리는 모두 항상 무언가를 이루면서 살아간다. 그렇게 우리의 매일은 빛을 낸다. 자신이 원할 정도의 밝은 빛을 내기 위해서는 이 빛들을 잘 모으고 모아 더 크게 만들어야 한다. 그런데 자신의 잘못된 사생활이 이 빛을 한꺼번에 쉽게 꺼버리고 만다. 물론 사람은 실수할 수 있다. 하지만 최대한 조심하려고 노력해서, 이런 심각한 실수를 애초에 방지할 수도 있다. 어쩌면 우리가 유재석에게 배워야 할 것은 자신의 빛을 더 환히 밝히는 방법보다는, 자신의 빛을 꺼트리지 않겠다는 생각과 자세일 것이다.

강호동의 탈세, 어찌 봐야 하나?

2011년 9월 8일

연예인의 탈세 문제는 이번이 처음은 아니다. 최근에만 해도 배용준이 세금 문제로 논쟁거리가 됐었고, 그 다음에 강호동, 그리고 김아중까지, 세금 문제는 지속적으로 발생하고 있다. 그리고 '1박 2일'의 하차로 이미지가 급격하게 나빠진 강호동은 더욱 심각한 이미지 타격을 받으며, 심지어 고소까지 당한 것이 사실이다.

이런 문제를 단순한 탈세 문제 혹은 개인의 인격적 문제로 판단하는 것은 가장 쉬운 대처법이다. 그리고 많은 이들이 그러길 원하고 있기도 하다. 하지만 연예인에 대한 이미지의 문제와는 별도로, 이 문제를 객관적으로 바라볼 필요도 있는 것이 사실이다.

일단, 강호동이 탈세한 것이냐에 대한 문제부터 봐야 한다. 『머니투데이』는 2011년 9월 6일자 기사를 통해서 "강호동의 경우, 문제가 된 건 국가가 인정하는 일정 공제 비율인 '필요 경비율'에 비해 비용이 과다하게 계상돼 과세 대상 소득이 줄었다는 점"이라며, 배용준의 경우 "필요 경비율에 맞춰 신고했는데도 추징금 20여억 원"이 나왔다고 밝혔다.

이 내용을 이해하기 위해서는 연예인들의 세무를 아주 간단하게 알 필요가 있다. 결국 세금은 '번 돈-벌기 위해 들어간 비용', 즉 순수익에 대해서 일정한 비율로 내면 되는 것이다. 그런데 연예인들의 경우 '비용'을 어디까지 인정할 것인지에 대한 것이 문제가 된다. 예를 들어 프로그램에 함께 참여하는 멤버들이 모여서 식사를 하면서 회의를 했다면, 이 금액을 비용으로 처리할 것인지, 아니면 그냥 개인이 쓴 돈인지를 판단하기가 애매하다. 그래서 가장 쉬운 방법은

유재석 배우기

세무사에 맡기는 것이다.

　실제 이런 문제는 개인 사업자들 모두에게 일어나고 있는 것이 사실이다. 그래서 세무사가 필요하다. 보통은 세무사에 맡겨버린다. 세금 관련 업무는 자기가 직접 나서서 어떻게 하기가 힘들다. 물론 세무사는 합법적으로 가장 적은 세금을 낼 수 있도록 할 것이다. 이는 탈세가 아니라, 국세청이 권장하는 '절세'이다.

　다시 강호동 문제로 돌아오면, 강호동이 세무사에게 "불법적으로라도 좋으니까 무조건 세금 줄여주시오."라고 말하지 않은 이상, 이번 일은 세무사의 처리가 원활하지 않아서 발생한 것이다. 내가 이렇게 말하면 "그러니 강호동은 잘못한 게 없고 세무사가 잘못한 것으로 물 타기 하려는 것 아니냐?"라고 말하는 분들이 있을 수 있지만, 아니다. 세무사가 일부러 조직적으로 탈세하고자 하지 않았다면, 세무사는 나름의 규칙에 따라 비용 처리를 했을 것이고, 이건 잘못된 일이 아니다. 그러므로 세무사도 잘못한 것은 없다.

　여기에 대해 국세청이 "야, 이건 비용으로 인정하기 좀 그래, 비용을 너무 많이 잡았어. 세금 더 내."한 것이다. 이런 일은 정말 비일비재하다. 심지어는 국세청이 세금을 과다로 책정해서 나중에 돌려주는 반대의 경우도 있을 정도다. 그러므로 추징된 금액을 성실히 납부하면 탈세범이라고 비난받을 필요는 없다. 물론 '조세범 처벌법 위반혐의'가 인정되어 검찰 고발이 이어지고 법정에서 혐의가 입증되면, 그때는 마음놓고 비난을 해도 된다. 확실하게 잘못한 것이기 때문이다.

　이런 일은 앞으로도 계속될 것이 분명한 것으로 보인다. 그리고 구조적으로 해결책을 찾기도 쉽지는 않다. 그러므로 가장 좋은 방법은 연예인들이 세무사와 계약할 때 가장 보수적인 방법으로 세무 처리를 해달라고 직접 요구하는 것밖에는 없다. 사람 인식이라는 것이 합법적으로 세금을 덜 낼 수 있으면 덜 내는 것은 당연하다고 여긴다. 이건 절세라 불리며, 사회적으로 매우 장려되고 있다. 하지만 연예인의 경우라면, '추징'자체가 나쁜 이미지를 가져올 수 있는 인식이 남아 있는 한, 가장 보수적인 세무 처리를 요구하는 것이 가장 바람직한 해결책일 것이다.

실제로 진짜 나쁜 것은 추징금조차 내지 않고 버티고 문을 잠가버리곤 했던, TV 고발 같은 프로그램에 나왔던 그런 인간들이기 때문이다.

마지막으로 강호동의 탈세 문제가 비록 이슈인 것도 분명하고, 안 좋은 이미지 때문에 아주 큰 비난을 받을 수도 있는 일이라는 것은 십분 이해한다. 그러나 이 시기에 지나가고 있는 수많은 사건이 있다는 점은 한번 생각해볼 만한 일이다. 어떤 한 사람이 강호동이 중범죄를 저질렀다고 고소한 사건보다 더욱 중요한 사건들이 우리 곁에 있다는 것만큼은 확실한 사실이기 때문이다.

유 재 석 배 우 기

유재석의 장기 집권

2011년 12월 27일

유재석은 두말할 것 없이 대한민국 최고 MC다. 그가 최고 MC인 이유 중의 하나는 그가 맡은 프로그램이 꾸준히 성공해왔다는 점 때문일 것이다. 또한 특별한 안티 없이 모든 국민이 좋아하는 사람이라는 점 때문이기도 할 것이다. 그러나 그보다 더 중요한 이유를 하나 생각해보자면, 그가 맡은 프로그램들이 대부분 오랫동안 꾸준히 유지됐다는 점일 것이다.

사실 매번 새로운 프로그램을 성공시키는 것도 아주 훌륭한 것일 수 있다. 그러나 하나의 프로그램을 오랫동안 유지하는 것은 더욱 훌륭한 일이라고 볼 수 있다. 왜냐하면 오랫동안 꾸준히 시청자를 만족시킨다는 것이 매우 힘든 일이기 때문이다. 시청자의 취향은 시시각각 변하는 것이 일반적이다. 그래서 프로그램은 자꾸 사라지는 것이 일반적이다. 새로운 취향에 맞는 새로운 프로그램이 제작되는 것은 당연하다. 그런 상황에서 하나의 프로그램이 꾸준히 유지된다는 것은 엄청난 노력 없이는 불가능한 일일 것이다. 그래서 우리는 '가족 오락관', '전국 노래자랑'에 그렇게 찬사를 보내는 것이고, 그 작품들의 진행자였던 허참 선생님과 송해 선생님에게 공경을 표하는 것이다.

하나의 진행자가 오랫동안 하나의 프로그램을 진행한다는 것은 결국 시청자의 취향을 잘 반영하면서 동시에 진행자 또한 사고 치지 않고, 매너리즘에 빠지지 않고 잘 성장해왔음을 의미한다. 그리고 그런 MC 중의 하나가 유재석이다.

'해피투게더'같은 경우 신동엽과 이효리의 진행으로 인기를 끌다가, '유재석-김제동'체제로 바뀐 것이 2003년이다. 그리고 현재는 2011년. 그리고 그동안 프로그램은 유재석과 함께 다양하게 체제를 바꾸며 결국 살아남았다. 시청률이 낮을 때도 있었고 높을 때도 있었지만, 결국 프로그램의 성격을 조금씩 변화시키며 현재까지 유지되고 있다(2014년까지도 지속 중이다).

'놀러와'는 2004년에 시작됐고, '무한도전'은 2005년에 시작되었다. 이들은 현재까지 최고의 프로그램으로 남아 있다. 가장 최근에 시작된 프로그램은 2010년에 시작된 '런닝맨'인데, 이마저도 어느새 2년 가까이 되어가고 있다(현재 2014년까지 순항 중이다).

모든 프로그램을 보면 알겠지만, 유재석이 맡은 프로그램은 쉽게 사라지지 않았고, 오래 지속됐다. 처음에 시청률이 나오지 않더라도 말이다. 이는 유재석에 대한 신뢰, 그리고 제작진들과의 관계 때문이라고 볼 수 있다. 일전에 모 방송에서 말한 것처럼, 유재석은 방송 기계이고 회의의 화신이라고 한다. 메인 MC가 그렇게 제작진들과 오래 회의하고 발전 가능성을 모색하고 한다면, 그런 프로그램은 쉽사리 폐지할 수 없을 것이다. 그리고 결국 그는 프로그램 대부분을 정상 궤도로 올려놓았다. 초기 '유재석'으로도 안 된다던 '런닝맨'이 지금 어느 정도로 성장했는지를 보면 그 사실을 알 수 있다.

그런 점에서 보면 유재석의 장점은 급격한 폭발력보다는 꾸준함이라고 볼 수 있다. 꾸준히 고민하고 오랜 시간 공을 들여서 프로그램을 잘 만들어낸다. 이 작업이 이루어지면, 그 이후에는 오랜 시간 시청자들의 사랑을 받게 되는 것이다. 결국 오랜 시간 자기관리를 꾸준히 하면서 제작진과 긴밀하게 고민하는, 어찌 보면 당연한 일들을 열심히 하는 것이 유재석의 프로그램들이 오랫동안 사랑받는 이유일 것이다.

유재석 배우기 3

유재석의 인성

유재석은 왜 오래갈까? 그것도 최정상에 있는 상태로 이렇게 오래갈 수 있는 이유는 무엇일까? 그에 대한 고민은 대중문화 평론가라는 직업을 가진 사람으로서 당연히 해봐야 하는 것이었다. 부침이 심한 연예계에서 꾸준히 최정상에 있기란 무척이나 어려운 일이니까. 그래서 나는 유재석의 자기관리 부분에 주목했고, 그가 얼마나 자신을 철저하게 관리해왔는지를, 그리고 계속 관리하고 있는지를 알 수 있었다. 덕분에 내가 지니고 있던 유재석에 대한 호의는 넘치다 못해 존경 수준으로 발전하게 되었다. 이미 많은 사람이 그러하듯이.

그런데 나는 유재석이 지닌 또 한 가지 모습에도 경탄을 보내야 했다. 바로 현저하게 적은 '안티 숫자'이다. 아니 '안티'를 떠나 '호불호'에 있어서 대부분의 사람이 유재석을 호감으로 판단하는 아주 이상한 현상을 목격하게 된 것이다. 사람의 취향과 성향에 상관없이 거의 모두가 '호감'으로 그를 바라보고 있다는 사실은 확실히 특별한 일이다. 그에 대한 호감은 단지 한국에만 한정되는 것도 아니다. '런닝맨'이 큰 인기를 끌고 중국판 '런닝맨'이 제작되고 있는 중국에서도 유재석에 대한 호감도는 상당히 높다고 한다. 대부분의 성공한 연예인이 팬과 안티를 동시에 지니는 것이 일반적인데, 유재석은 국내외를 가리지 않고 호감의 이미지를 갖고 있으니 놀라울 수밖에 없다.

이것을 단순히 실력 때문에, 혹은 성공했기 때문에, 혹은 기본적으로 친근한 이미지를 지닌 개그맨이라는 점 때문이라고 설명할 수는 있다. 하지만 그 같은 조건을 지니고 있음에도 유재석처럼 거의 모든 이의 호감을 사는 연예인이 거의 없는 것을 보면 유재석은 분명 특별하다. 자꾸 언급해서 죄송한 마음이 드는 또 한 명의 국민 MC였던 강호동의 경우, 때로는 유재석보다 더 열광적인 환호를 받았다. 하지만 동시에 그의 강한 캐릭터를 싫어하는 사람이 못지않게 존재했고, 그에 대한 안티, 혹은 호불호는 꾸준히 있어왔다. 박명수는 호불호가 더욱 갈린다. 좋아하는 사람은 무척 좋아하지만, 싫어하는 사람은 보고 싶지도 않다며 채널을 돌릴 정도다. 최근에는 지속적인 기부로 이미지가 조금씩 좋아지고 있지만, 여전히 박명수를 비호감으로 여기고 싫어하는 사람들이 많다. 김구라도 마찬가지다. 실력도 있고 성공도 한 개그맨이지만, 그를 거북하게 여기는 대중은 상당히 많다.

이런 일은 연예인에게 매우 흔한 일이다. 인기 여부, 성공 여부와 상관없이 대중의 호불호는 항상 갈리게 되어 있다. 따라서 연예인마다 '빠'와 '까'[19]가 난립하는 모습을 흔히 볼 수 있다. 그런데 유재석만큼은 거의 모든 사람이 호감으로 본다. '빠'와 '까'가 특별히 난립하는 모양새

---

19) 무조건적으로 좋아하는 사람을 '빠', 무조건적으로 싫어하는 사람을 '까'라 한다. 아첨과 아부의 의미로 쓰이는 '빤다'와 비난의 의미로 쓰이는 '깐다'의 줄임말이다.

도 보이지 않는다. 그가 진행하는 방송인 '무한도전'의 '빠'와 '까'가 언제나 충돌하는 모습을 보면, '무한도전'의 중심인 유재석에게 그 불똥이 튀지 않는 것이 신기할 뿐이다.

유재석과 함께하는 동료 중에도 유재석 수준으로 호감형인 인물이 있었다. 바로 노홍철이다. 노홍철은 정신 사납고 부담스러운 캐릭터다. 당연하게도 일부 사람들은 그에게 거부감을 느끼기도 했다. 하지만 그는 기본적으로는 호감형이었다. 그는 착해 보였고, 자신이 폭행을 당했음에도 불구하고 가해자를 걱정하는 인물이었다. 노홍철에 대한 호감은 컸다. 물론 그가 음주 운전을 하는 순간 그에 대한 호감은 순식간에 사라지고, 노홍철 '까'가 급속도로 늘어났지만.

김장훈도 있다. 그에 대해서도 대부분의 사람이 '호감'을 느꼈다. 사실 그의 노래에 대해서는 좋은 평가를 하지 않는 사람들이 있고, 심지어 가창력 부족에 관해 이야기 하는 사람도 있다. 그럼에도 그는 확실한 호감형 연예인이었다. 물론 그도 싸이와의 다툼과 자살사건 이후로 비호감이 되었으며, 현재는 예전 같은 호감을 얻고 있지는 못하다.[20]

비록 지금은 호감을 잃었지만, 그럼에도 내가 노홍철과 김장훈의 이야기를 한 것은 대중으로부터 상당한 호감을 샀던 연예인들을 살펴보는 것으로 유재석에 관해 이야기할 수 있기 때문이다. 대중에게 호감

---

20) 노홍철과 김장훈의 경우 매우 호감형이었지만, 자신의 실수 혹은 문제로 인해서 호감을 매우 쉽게 잃었다. 유재석의 자기관리가 유재석을 얼마나 빛나게 해주는지, 그가 국민 MC로 오래 머무를 수 있게 해주는지 다시 한 번 증명시켜준다.

을 얻었던 연예인들을 살펴보면, 각기 다른 특색을 지니고 있다. 노홍철은 착해 보이는 모습과 예의 바른 모습 때문에 호감을 얻었고, 김장훈은 기부 천사와 독도 지킴이라는 이유로 호감을 얻었다. 신동엽은 넘치는 재치 때문에, 그리고 과거 여자친구와 관련된 루머[21] 때문에 호감을 얻었다. 차승원은 아버지로서 가족을 지키려는 멋진 모습 때문에 호감을 얻었다. 이렇게 연예인이 국민으로부터 호감을 받는 이유는 각기 다르다. 따라서 어떤 특정한 조건이 호감 이미지를 만든다고 말할 수는 없다. 하지만 하나의 보편적인 요소를 찾아볼 수는 있다. 바로 '인성'이다.

노홍철은 그 특유의 긍정적인 태도와 함께 폭력사건 때 자신을 때린 사람을 부축했던 것처럼, 기본적으로 사람을 배려하는 모습을 대중에게 보였다. 더불어 인기를 얻었다고 외제차를 끌고 다니며 자신을 과시하는 것이 아니라, 자신의 수준에 딱 맞는 소형차를 구매해 타고 다녔다. 초기 이런 모습은 많은 이들에게 신선한 충격으로 다가왔다. 대중은 그의 인성이 좋다고 판단했고, 함부로 그를 욕하지 않았다. 노홍철이 비호감을 샀던 경우를 생각하면, 인성의 중요성이 더욱 두드러진다. 노홍철은 '더 지니어스: 룰 브레이커'에 나와서 친분에 의한 파벌을 조장하는 듯한 모습을 보여줬고, 덕분에 매우 많은 비호감을 샀다. 다

---

21) 과거 여자친구의 사생활 테이프가 유출되어, 그에 대한 기사를 막기 위해 대마초로 감옥에 갔다는 루머. 사실 확인이 되지 않았지만, 신동엽의 이미지를 좋게 하는 데 상당히 영향을 끼치고 있다.

행히 케이블 방송이라 그 파장이 아주 크진 않았지만, 그래도 이를 통해 많은 이들이 노홍철에 대해 실망한 것만은 분명해 보인다. 그가 파벌을 추구하는 듯한, 그리고 도와준 이를 배신하는 듯한 모습을 보이자, 사람들의 눈에 비로소 노홍철이 비호감으로 비치기 시작한 것이다. 노홍철의 인성이 좋지 않다고 여겨지는 순간, 그에 대한 비호감은 증가했다. 음주 운전 사건 당시에도 예의 바르게 단속에 응했다는 이야기가 돌자, 사람들은 노홍철을 욕하면서도 아쉬워하고 감싸주려는 모습을 보였다. 그러나 다시 단속에 제대로 협조하지 않았다는 이야기가 나오자마자, 그에 대한 비난은 과격해지기 시작했다. 노홍철의 인성에 대한 판단이 부정적인 것으로 결정되자, 바로 등을 돌린 것이다.

김장훈도 비슷하다. 기부를 생업으로 삼고 있는 사람이니 김장훈의 인성이 어떤지는 말해봤자 입만 아플 것이다. 기부를 위해 밤무대에 오르고, 그것에 관해 묻는 기자에게 '밤무대도 무대'라고 말할 수 있는 모습은 인성적으로 김장훈이 얼마나 훌륭한지를 알 수 있게 해주는 증거이다. 그래서 많은 대중은 김장훈을 호감으로 바라봤다. 물론 때때로 정치와 연관되는 경우가 있기 때문에 욕을 먹기도 했지만, 그를 공개적으로 비난할 수 있는 사람은 거의 없었다. 그가 매우 훌륭한 인품을 지니고 있으며, 얼마나 큰일을 하고 있는지 사람들이 알고 있었기 때문이다. 그런 김장훈이 비호감을 사는 사건이 있었다. 바로 싸이와의 논란 때문이다. 김장훈은 월드스타가 된 싸이와의 불화에 대한 내용을 SNS에 올렸고, 이것이 파문을 일으키며 그에 대한 비호감을

유 재 석   배 우 기

만들어냈다. 대중에게 있어서 둘 간의 불화는 당사자들끼리 푸는 것이 옳은 모습이었다. SNS를 통한 공개적이고 일방적인 형태의 불화는 불편한 것이었다. 이를 통해 김장훈의 인성에 대한 의심이 일어났고, 그에 대한 비호감 역시 상당히 증가했다.

그렇다면 유재석은 어떨까? 나는 유재석에 대한 조건 없는 호감의 원인 역시 '인성'에서 찾아야 한다고 생각한다. 그가 자기 일에서 최고의 위치에 있고, 자기관리를 철저히 해서 큰 문제를 일으키지 않는 것도 큰 이유일 것이다. 그러나 '인성'이 없었다면 큰 안티 없이 '국민'이라는 타이틀을 거머쥘 수는 없었을 것이다. 유재석의 주변 동료들은 그를 본받을 만한 사람, 존경하는 사람으로 평가한다. 아무리 실력이 좋아도 인성이 나쁘면, 주변의 동료로부터 뒷말을 듣거나 비아냥을 살 것이다. 최근에 '라디오 스타'에서 대한민국 최고의 영화 스타 중의 한 명인 류승룡에 대한 이야기가 나온 적이 있다. 그가 뜨면서 사람이 변했다는 듯한 발언이었다. 이후 항상 찬사와 환호를 받던 류승룡에 대한 안티가 갑자기 증가했다. 사실 확인이 안 된 일방적인 이야기인데도 말이다. 주변 사람의 말 한마디가 이렇게 연예인의 이미지에 쉽게 흠을 낼 수 있다. 유재석의 경우에는 지금까지 그런 일이 없었다. 그만큼 주변 사람들에게도 인정받고 존경받고 있다는 것을 알 수 있다.

원래 인성이 나쁘면 실력이 좋아도 존경의 대상이 되기는 힘들다. 집단생활을 해본 사람이라면, 집단 안에서 존경받는 것이 실력과 인성을 겸비했을 때만 겨우 가능한, 무척 어려운 일임을 알 것이다. 유재석은 그것을 이루고 있다. 유재석의 인성, 인품에 대해서는 나뿐만 아니라, 이미 수많은 사람이 이야기했다. 그래서 유재석의 인성에 대해서 어떤 특별한 것을 발견하기보다는, 이미 알려진 그의 인성에 대해서 다양한 사례를 들어 이야기해보려 한다. 그가 어떤 성향을 가지고 있고, 그것이 어째서 좋은 것인지, 어떻게 그를 더 존경받을 수 있는 사람으로 만들었는지에 대한 일종의 고찰 형식이 될 것이다.

이런 세세한 이야기를 하기에 앞서 그의 인성에 대해서 종합적으로 말을 해보자면, 그는 그냥 '바른 사람'이다. '바르다'라는 것은 가만히 보면 너무나 쉬운 말 같지만, 사실은 무엇보다도 어려운 말이기도 하다. '바르다'라는 것은 '말이나 행동 따위가 사회적인 규범이나 사리에 어긋나지 아니하고 들어맞다[22]'라는 뜻을 지니고 있는 말이다. 가만 보면 참 당연한 말이다. 우리 모두가 이렇게 살아가라고 배워왔고, 그것이 옳은 것임을 알면서 자라왔다. 그렇지만 우리는 나이를 먹으면서 바르게 되는 것이 얼마나 어려운지를 느끼며 산다. 때로는 바르지 못한 것을 알면서도, 바르지 못한 일을 하는 사람이 되기도 한다. 그런데 유재석은 그냥 바르다. 성공했고, 최고의 위치에 있는데도 불구하고 바르다. 어쩌면 바른 사람 유재석의 핵심 키워드는 '한결같음'일지도 모르겠다. 약간은 건방졌던 데뷔 시절이 있었지만, 그는 오랜 무명시절을 겪으며 스스로 바른 사람이 되어갔다. 성공한 이후에도, 그리고 최고

---

22) 국립국어원, 『표준국어대사전』

의 자리에 오른 이후에도 무명시절 때의 마음가짐을 버리지 않고 바른 사람으로 남아 있다. 바로 이것이 유재석의 진면목일 것이다.

이제 그의 인성에 대해서 몇 가지 주제로 나눠서 살펴볼 것이다. 그 사례들과 비교해서 우리는 어떻게 살아가고 있는지 생각해볼 기회가 되었으면 좋겠다. 단, 한 가지 바람은 그의 행동 자체에 대해서 감탄하기보다는, 그 행동의 바탕에 깔린 마음가짐에 더욱 관심을 기울이는 것이다. 행동은 마음가짐의 표현일 뿐이니까.

유재석의 매너

매너라는 말은 행동하는 자세나 몸가짐, 버릇 등을 의미한다. 또는 일상생활에서의 예의와 절차를 말하기도 한다.[23] 쉽게 말하면, 매너가 좋다는 것은 곧 자세나 몸가짐, 버릇, 예의, 절차 등이 좋다는 이야기일 것이다. 매너가 나쁘다는 것은 역으로 자세나 몸가짐이 흐트러져 있고, 버릇없고, 예의 없고, 절차도 없다는 말과 같다. 그러니까 매너 없는 사람이라는 말을 듣는 것은 생각보다 꽤 충격 받을 만한 일이다. 역으로 매너가 좋다는 말은 아주 흥겹게 받아들일 수 있는 큰 찬사이기도 하다. 유재석은 언제나 매너가 좋다고 찬사를 받는다. 그의 매너는 방송 프로그램 안에서, 혹은 일상생활에서도 드러난다. 이렇게 공개된 매너들은 사람들이 유재석을 유느님으로 숭배하게끔 한다. 특히 유재석은 매너의 기본이라 말할 수 있는 공공질서를 잘 지킨다. 독일 촬영 당시 스스로 청소를 한 일화를 보면 그것을 알 수 있다.

2006년 'X맨'을 독일에서 촬영했다. 하이델베르크 고성을 배경으로

---

23) 국립국어원, 『표준국어대사전』

한 촬영이었다. 이때 이 촬영 현장에 있던 한 네티즌이 자신이 목격한 일화를 인터넷에 올려 화제가 됐다. 이 네티즌에 따르면 촬영 중 점심을 먹고 난 후 유재석이 "다른 나라 유적지를 빌려 촬영하는 데 이런 쓰레기를 남기면 큰일난다."고 말하며 쓰레기를 직접 치우고 다녔다고 한다. 또 이런 일도 있었다. '런닝맨'에서 빈 컵을 쓰레기통에 던져넣고 서둘러 이동해야 하는 게임이 있었다. '런닝맨'자체가 남들보다 먼저 미션을 수행하는 것이 유리하기 때문에, 출연자들은 하나의 게임을 수행하고 나서 정신없이 다른 곳으로 이동했다. 그런데 달려 나가던 다른 출연진과는 달리 유재석은 쓰레기통 주변에 떨어진 쓰레기들을 다 주워서 버리고는 이동했다. 유재석은 다른 출연진과는 달랐다. 그렇게 유재석의 기본적인 삶의 방식이 드러났다. 물론 이것을 가식이라고 생각하는 사람들도 있다. 과거에는 유재석의 '착한 척'이 불편하다는 의견도 있었다. 그러나 이런 일이 한두 번 일어난 것이 아니다 보니, 그런 의견은 점차 사라지고 있다. 그는 그런 척을 하는 것이 아니라, 그냥 그렇게 사는 것이다.

이런 유재석의 행동이 더욱 대단한 것은, 기본적으로 프로그램을 촬영할 때 장소를 섭외하거나 촬영 후 정리하는 것이 모두 제작진의 일이기 때문이다. 이런 일은 제작진의 주 업무이고, 연기자들은 그저 자신이 맡은 임무에만 최선을 다하는 것이 일반적이다. '런닝맨'에서도 당연히 출연자들은 급박하게 다음 장소로 이동하는 것이 맞고, 제작진이 뒤처리하는 것이 맞다. 그런데도 유재석은 스스로 청소를 하고 스스로 정리를 한다. 공공질서를 너무나 중요하게 여겨서인지, 아니면 솔선수범이 몸에 배어서 그런지는 모르겠다. 확실한 건 그가 쓰레기를 줍는 것 같은 아주 기본적인 매너들을 충실히 지키고 있다는 것이다.

유재석은 심지어 공공질서라고 볼 수 없는 상황에서도 스스로 정리를 한다. '무한도전'의 '짝'편에서 혼자 우산들을 정리하는 모습이 방송된 적이 있다. 구태여 우산을 정리할 필요도 없는데, 그는 널브러져 있는 우산들을 정리했다. 어질러진 것은 정리한다는 그 당연한 일을 유재석은 충실히 행하고 있다. 이런 모습을 통해 유재석의 인간적인 매력은 급상승한다.

그는 사람에 대한 매너도 뛰어나다. 그 중의 제일은 누가 뭐래도 인사일 것이다. 그는 모든 사람에게 매우 친절하게 인사를 한다. 버라이어티라는 프로그램의 특성상 유재석은 일반 시민을 만날 기회가 많다. 그는 시민을 만날 때마다 고개를 숙이고 인사한다. 악수를 청하는 시민이 있으면 재빠르게 끼고 있던 장갑을 벗고 악수에 응한다. 역시 최대한 예의를 갖추어서 말이다. 해외 촬영을 가서도 해외 팬에게 성심성의껏 인사를 하고, 손을 흔들고, 배려한다. 인사는 사람에 대한 기본적 예의이다. 그는 대한민국 최고의 스타이면서도 이를 잊지 않는다. '무한도전'400회 특집 '비긴 어게인'편에서 유재석은 정형돈과 여행을 떠난다. 그리고 도착하는 대부분의 장소에서 유재석은 사람들에게 바로 둘러싸인다. 제대로 쉴 수 없는 것은 물론이거니와 제대로 걷기도 힘든 상황이 연달아 일어난다. 수많은 인파에 그는 아주 큰 피로감을 느꼈을 것이다. 정형돈의 표정을 봐도 이것이 얼마나 힘든 일이었는지 느낄 수 있었다. 하지만 유재석은 짜증이 날 법한 그 상황에서도 사람에 대한 예의를 잊지 않는다. 자신들이 있으면 다른 분들에게 방해될 수 있다고 말하며 자리를 뜬다. 자리를 뜰 때도 조심하며, 다른 사람에게 폐를 끼치지 않으려한다. 그는 끝까지 자신을 좋아해주고 자신에게 관심을 보여주는 대중에게 예의를 지켰다.

그가 사람을 어떻게 대하는지를 알려주는 일화는 또 있다. 그와 같은 동네에 사는 것으로 보이는 한 시민이 올려준 글이 있었다. 그 글에서 유재석의 팬이라는 그녀는 유재석을 처음 봤을 때 매우 격한 반응을 보였다고 밝혔다. 그러나 시간이 지나면서 계속 얼굴을 마주치다 보니, 과거처럼 격한 반응을 보이지는 않게 됐다고 한다. 그러자 유재석이 먼저 아는 척을 하면서 "이제 내가 안 반갑냐?"라고 물었다고 한다. 물론 "내가 안 반갑냐?"고 물은 것은 유재석의 장난일 것이다. 그러나 그 전에 자신을 좋아해준 팬을 알아보고 계속 기억하고 있다는 것은 사람에 대한 그의 태도를 알 수 있게 해준다. 아무리 자주 얼굴을 마주치더라도 사람에게 관심을 두지 않으면 상대를 알아보지 못하는 일이 부지기수다. 하물며 상대를 인식하고 있다가 스스럼없이 먼저 말을 거는 것은 연예인으로서 쉽지 않은 일일 수 있다. 하지만 유재석은 동네 주민에게 먼저 말을 걸었고, 인사했으며, 교류했다. 최근에는 사는 곳의 경비원 이름을 알고 있다는 기사가 나온 적도 있다. 경비원에게 함부로 대하며 험한 말을 하는 사람들도 많은 세상에서 이런 유재석의 모습은 흐뭇한 미소를 띠게 만든다.

유재석의 사람에 대한 매너는 방송 게스트에게도 이어진다. '런닝맨'은 보통 고정 출연자와 게스트들이 함께 팀을 이루는 방식으로 프로그램이 진행된다. 바로 이때 많은 게스트들이 유재석과 짝이 되기를 원한다. 이유는 몇 가지가 있을 것이다. 일단 유재석과 함께 팀을 하면 방송 분량을 쉽게 확보할 수 있다는 점이 가장 큰 이유 중의 하나일 것이다. 아무래도 게스트로 출연하는 이상 방송에 많이 나오고 싶은 것이 연예인의 아주 자연스러운 바람일 것이다. 유재석과 함께라면 일정 수준 이상의 방송 분량을 확보할 가능성이 100%이다. 당연히 그와 함께하기를 바랄 수밖에 없다.

또한 방송을 편하게 할 수 있다는 점도 게스트들이 유재석을 선호하는 이유 중의 하나라고 볼 수 있다. 그는 최대한 게스트를 배려하며 게스트에게 매너를 지킨다. 게스트가 할 수 있는 것과 할 수 없는 것을 파악하고, 할 수 없는 것은 자신이 손수 나서서 하거나 게스트를 적극적으로 도와준다. 자신을 희생하고 게스트를 띄우는 데에는 천부적이다. '연민정'으로 최고의 인기를 얻은 이유리가 '런닝맨'에 출연했을 때, 그녀의 허당 매력을 계속해서 드러내고 방송에서 언급해줬다. 그는 그렇게 게스트의 매력을 찾아낸다. 서우가 굽이 높은 신발을 신고 나오자 그것을 장난 거리로 만들어, 대중이 그녀의 방송 태도에 대한 의구심을 보일 수 있는 상황을 애초에 제거해버린다. 이렇게 게스트를 배려하는 진행자는 흔치 않다.

가끔 방송을 보면, 상대가 하기 싫어하는 것을 억지로 시키는 진행자들을 볼 때가 있다. 상대의 불편해하는 모습을 보면 시청자도 같이 불편해지기 마련이다. 유재석은 그런 일이 거의 없다. 그는 상대를 배려하고, 최대한 불편하지 않도록 만든다. 그가 억지로 무언가를 시키는 경우는 그것이 반드시 '터진다'는 확신이 있을 때이다. 유재석은 이미 알고 있는 게스트의 재밌는 모습이나 잘하는 것들을 기억해서 방송에서 살릴 수 있도록 최대한 돕는다. 그와 함께해서 스타가 된 연예인들은 셀 수도 없이 많다. 그래서인지, 유재석과 함께하는 방송이라면 흔쾌히 출연을 선택하는 사람들이 많다. 이는 유재석의 방송 실력을 보여주는 예이자, 동시에 출연진을 얼마나 배려하는지에 대한 예이기도 하다.

유재석 매너의 근원을 살펴보면 거기에는 '배려'가 있다. 유재석이라는 인물의 핵심 키워드 중의 하나가 바로 배려이다. 유재석의 거의 모든 행동에 배려가 존재한다. 그는 항상 남을 배려한다. 그가 청소하고 정리를 하는 것도 다 남에 대한 배려 때문이다. 게스트에게 매너를 지키는 것도 다 배려이다. 그는 그렇게 자신을 낮추고 남을 배려한다.

내가 유재석에게 정말 배우고 싶은 것은 그가 하는 매너의 행위 하나하나들이 아니다. 그 바탕에 깔린 '배려'의 마음이야말로 진정으로 배우고 싶은 것이다. 살면서 우리는 매너의 행위들을 많이 배운다. 그것이 마치 당연한 것인 양, 안쪽 자리를 양보하기도 하고 고운 말을 하기도 한다. 하지만 이 모든 행동에 '배려'의 마음이 없다면, 그것은 그저 공허한 행동에 지나지 않을 것이다. 공허한 행동은 분명 어느 순간에 사라지고 본모습이 나오게 되어 있다. 거짓 친절과 거짓 예의는 필요하지만, 생명력이 짧다. 만약 우리가 유재석이 지니고 있는 '배려'의 태도를 배운다면, 우리가 하는 매너의 행위들은 진심이 되어 상대에게 전달될 것이고, 오랫동안 유지될 것이다. 진짜로 중요한 것은 '배려'다.

유재석의 후배 사랑

우리는 후배를 아끼는 유재석의 모습을 통해서도 그의 인성을 살펴볼 수 있다. 그리고 후배를 아끼는 것의 근본에도 배려심이 깔려 있다.

사람이 성공하면 과거의 어려웠던 시절을 기억하기 싫은 법이다. 자신이 어려웠던 그 시절 속에 더는 살고 있지 않다는 것을 증명이라도 하듯이, 힘들었던 과거와의 단절을 시도한다. 그렇기 때문에 성공한 사람은 변한다는 이야기가 나온다. '성공했더니 변했다, 성공했더니 달라졌다'는 이야기가 흔한 것은 이런 이유 때문이다. 물론 성공했기 때문에 변해야 하는 것도 맞다. 성공한 사람이면 성공한 사람에 걸맞은 태도를 갖추고 행동해야 성공한 사람으로서 살아갈 수 있다. 성공한 사람이 과거의 모습을 그대로 이어나간다면, 그 사람은 곧 과거로 회귀할 것이다. 로또 일등이 됐음에도 과거보다 더 나락으로 떨어져버린 많은 사람들, 성공한 스타가 됐는데도 과거의 습관을 버리지 못해 다시 대중에게 버림받은 연예인들은 셀 수 없이 많다. 성공한 사람은 성공한 사람에 걸맞은 변화가 필요하다.

하지만 그렇다고 해서 자신의 과거를 부인하거나 과거의 자신과 비

숫한 처지에 있는 사람들을 무시하고 업신여겨서는 안 된다. 이는 곧 자기 자신을 부인하는 행위나 마찬가지기 때문이다. 과거의 나를 부정하는 순간, 지금의 나 또한 부인되어버린다. 과거를 잊은 현재는 공허해진다. 이 공허함을 채우기 위해 성공한 사람들은 현재의 탐닉을 추구하는 경향이 많다. 그렇게 성공은 독이 되어 사람을 나락으로 빠트리곤 한다.

성공한 사람 중에서 존경받는 이들을 보면, 자신의 힘들었던 과거를 담담하게 인정한다. 동시에 성공하지 못했던 시절에 자신이 느꼈던 것들을 잊지 않으려 한다. 그 시절의 기억과 경험들이 성공한 현재의 자신을 더욱 단단하게 만들어줄 수 있다는 것을 알고 있는 것이다. 그래서인지, 그런 사람들은 과거의 자신처럼 어려운 처지에 있는 사람들을 무시하지 않고 도우려 하고 더 나은 곳으로 이끌어주려 한다. 유재석의 후배 사랑은 이와 비슷한 모습을 보인다. 그 자신이 길고 힘들었던 무명시절을 거쳤기 때문인지, 아직 자리 잡지 못한 후배들을 아끼고, 위해주고, 그들이 성공할 수 있도록 어떻게든 계기를 만들어주려고 노력한다.

2011년 '런닝맨'으로 또 한 번의 연예대상을 탔을 때, 그는 자신의 개그맨 후배들을 언급했다. 그때 개그맨 후배들은 가장 구석진 곳에 자리하고 있었다. 예능이라는 것은 대중에게 즐거움을 주는 일이다. 그러다 보니 대중에게 즐거움을 주는 것에 가장 특화된 개그맨들이 예능의 중심에 항상 서 있었다. 개그 프로그램을 통해서 시청자에게 웃음을 전달하고, 이를 바탕으로 다양한 예능에 출연해서 대중들에게 사랑받는 것은 당연한 과정과 같은 것이었다. 하지만 개그 프로그램의 인기가 시들해지면서 '개그 콘서트'의 출연자를 제외하고는 이런 프로세스를 따라갈 수 없게 됐다. 결국 개그맨들이 자신의 자리를 빼앗기고 구석에 머물러 있어야 하는 상황이 된 것이다. 유재석은 그런 그들을 언급했다.

"아까 이경규 선배님께서도 말씀해주셨지만, 우리 후배들…, '개그 투나잇', 오늘 사실 제일 많이 와서 응원해주고 박수쳐주고…, 정말 오늘은 자리도 그렇고 협소해서 저쪽 구석에, 뒷자리에 앉아 있는데…, 정말 내년 연예대상에서는 앞으로 다 와서 환호하고 같이…, 그런 시간이 빨리 왔으면 좋겠습니다."

그는 그렇게 시상식에서 홀대받았던 후배들을 챙겼다. 덕분에 시청자들은 '개그 투나잇'에 대해 인지할 수 있었고, '개그 투나잇'에 대한 언론 보도가 나올 수 있었으며, 그들이 화면에 한 번 더 잡힐 수 있었다. 그뿐만이 아니다. 이 시상식 이후로 '개그 투나잇'의 개그맨들이 몇 번에 걸쳐서 '런닝맨'에 출연했다. 이 출연이 모두 유재석의 힘 때문이라고 단정할 순 없지만, 유재석의 의중이 전혀 반영되지 않았다고 볼 수도 없다. 그의 언급과 출연 시기가 매우 근접했기 때문이다.

유재석은 '런닝맨'에 참여한 후배들을 지속해서 칭찬했고, 고생한다고 격려했다. '런닝맨'에 참여한 '개그 투나잇'후배들은 유재석에게 "말

더럽게 많네."같은 강한 말을 하고, 부채로 유재석의 얼굴을 여러 번 치는 등, 시청자들이 보기에 과하다고 할 만한 행동을 수차례 했다. 아마 후배들은 자신들이 나오는 장면을 최대한 살리기 위해서, 그리고 시청자의 눈에 띄기 위해서 더욱 강하게 연기했을 것이다. 그들에게는 '런닝맨'이라는 대박 프로그램에 출연한 것이 일생일대의 기회일 수 있었다. 강한 인상을 남기겠다는 의욕이 분명히 있었을 것이다. 그래서인지 그들의 멘트와 행동은 리얼 버라이어티에서 허용한 재미의 부분을 조금 넘어섰다. 시청자는 리얼 버라이어티를 보면서 그것을 '실제'로 이해하고 접근한다. 아무리 상황극이 펼쳐지더라도 말이다. 그래서 리얼 버라이어티에서 말 한마디, 행동 하나는 매우 중요하다. '개그 투나잇'의 개그맨들이 보여준 모습은 이런 리얼 버라이어티의 특성을 제대로 이해하지 못한 것이었다. 강하게 하되 적절한 수준을 유지해야 했다. 하지만 그들은 선을 넘었고, 강한 모습은 재미를 주기보다는 불쾌감을 줄 수 있는 수준이었다. 하물며 시청자의 무한 사랑을 받고 있는 유재석에게 그렇게 했기 때문에 잘못하다가는 비난 여론이 생길 수도 있는 상황이었다. 과욕이 기회를 위기로 만들 수 있었다.

유재석은 이런 일이 일어날 수도 있다는 것을 예측이라도 한 듯, 미션을 끝내고 돌아가면서 "뿅 망치는 세게 때리는 것이 제 맛"이라며, 사실 아프진 않다고 말했다. 그런 방식으로 후배가 욕먹을 상황을 생각하고 미리 손을 써두는 것이다. 그러면서 "후배들이 너무 잘하고 있다."고 말을 해버린다. 이 말은 '런닝맨'의 진행상 구태여 할 필요가 없는 것이었다. 그렇기에 그것이 어떤 의도였는지 더욱 명확하게 드러난다. 유재석의 말을 듣고 나면 시청자들은 그에게 막 대한 후배들을 욕할 수가 없다. 유재석은 이런 방식으로 후배들의 기도 살리고 캐릭터도 살리면서 동시에 문제의 소지도 없애버렸다.

'무한도전'에 MBC 코미디언 맹승지가 출연했을 때, 잘한다며 가장 많이 칭찬해준 사람 역시 유재석이었다. 덕분에 맹승지는 대중의 눈길을 끌 수 있었고, 그 이후에도 '무한도전'에 몇 번 출연할 수 있었다. 그리고 이후에는 '진짜 사나이'라는 MBC의 대박 예능에도 출연할 수 있었다. 비록 '진짜 사나이'를 통해 비호감 이미지가 증가하고 더 비상할 기회를 놓쳐버리긴 했지만, 이런 기회를 얻는 데 '무한도전'이라는 프로그램과 유재석의 도움은 컸다.

이뿐만이 아니다. 우리는 후배를 사랑했던 그의 일화들을 어렵지 않게 찾을 수 있다. 개그맨 김경진이 트위터로 알린 사연이 그 중의 하나다. 김경진이 2007년 막내 개그맨으로 있을 때, 유재석이 코미디언 실에 TV를 기증했다. 그래서 개그맨 동기 10명이 유재석에게 감사의 문자를 보냈다. 그러자 문자를 받은 유재석이 개그맨 후배들에게 한 명한 명 일일이 답장을 해줬다. 이런 사연과 함께 김경진은 유재석이 보낸 답 문자의 사진을 공개했다.

"그래 경진아, 고맙다. 너도 열심히 해라. 나중에 프로그램에서 보자. 잘 지내고, 힘든 일 있어도 참아내고, 실력을 쌓다 보면 꼭 좋은 날이 온다. 하여튼 고마워."

개그맨 김영춘은 '무한도전'녹화 후에 집에 가려는데, 유재석이 수표 2장을 주었다고 했다. 너무 놀라서 괜찮다고 말하자, 유재석은 웃으며 "차비 하고 영춘아, 열심히 해."라고 말했다고 한다. 노홍철은 신인 시절에 유재석이 차를 직접 몰아 자신을 집까지 데려다준 적이 있는데, 왜 그랬느냐고 유재석에게 물었다.[24] 유재석은 그냥 좋아서라고 답했다. 하지만 자신이 힘들었을 때를 잊지 않고, 그만큼 잘해주고 배려해 주고자 했던 것임을 쉽게 알 수 있다. 그래놓고 그는 그 배려를 그저 '좋아서'라고 답했다. 상대가 도움 받고 배려 받았다는 느낌이 들게 하기보다는, 그저 한 사람으로 애정을 받는, 괜찮은 사람이라는 느낌이 들게 하는 그의 대답이었다.

성공한 사람들은 특권 의식에 젖기 십상이다. 특권 의식에 싸인 사람은 남을 돕더라도 그 특권 의식이 선행에 묻어나오게 되어 있다.

'난 성공했으니까 베풀어야 해.'

'난 너희와는 수준이 달라. 그러니 내가 조금 더 하는 것이 맞아.'

'난 떴으니까, 이 정도는 해줄게.'

이런 특권 의식 속에서 누군가를 돕는 것도 매우 소중한 일이다. 아무도 돕지 않는 것보다는 분명히 나으니까. 그러나 특권 의식에 싸여서 남을 돕는 것은 분명히 티가 나고, 잘못하면 받는 사람의 자존심을 상하게 할 수 있다. 도움 받는 사람이 받게 될 마음의 상처까지도

---

24) '무한도전'300회 특집 '쉼표'중

생각해본다면, 제대로 돕는 일은 상당히 어려운 것임을 알 수 있다. 그래서 진심이 담긴 도움과 배려는 받는 이에게 감동을 준다. 내가 잘나서 못난 너에게 뭔가를 해준다는 느낌이 들지 않기 때문이다. 이런 도움은 도움이라기보다는, 그저 나눔이며 서로가 서로를 귀하게 여기는 정서의 교류다. 유재석은 자신이 성공했기 때문이 아니라, 후배들이 잘되고 힘내길 바라기 때문에 도움을 주고 배려했다. 그렇기에 후배들이 방송에 나와 유재석이 도와줬던 이야기를 하면, 유재석은 마치 그것이 후배를 도우려 했던 거창한 일이 아닌 듯이 희화화시켜버린다. '개그 콘서트'에서 헬스 보이로 인기를 얻었던 이승윤이 무명시절에 유재석이 밥을 사주고 목욕탕을 데리고 갔다고 말하자, 유재석은 웃으면서 "내가 등을 밀어주면 나를 밀어주니까 데리고 갔다."라고 말해버린다. 이렇게 후배를 챙겼던 모습 자체를 희화화시켜버리는 것이다. 그렇게 함으로써 유재석의 도움은 자신의 잘남을 드러내는 일이 아니라, 그저 나눈 것이며 교류한 것임을 강조한다.

그는 성공했다. 그렇지만 그렇다고 거들먹거리지 않았고, 여전히 어려운 처지에 있는 후배들을 돌봤다. 그는 으스대지 않고 그저 선배로서 할 일을 한다. 그가 후배를 챙기는 것은 잘난 사람이 못난 사람에게 베푸는 크리스마스 선물 같은 것이 아니다. 그저 같이 즐겁고 같이 행복하고 싶은 마음을 나누는 것이다. 그래서 그의 도움을 받은 사람들은 진심으로 고마워하고 감사하는 것이고, 사람들은 그의 모습을 보고 감탄할 수 있는 것이다.

유재석의 선행

　선행한다고 해서 무조건 인성이 좋은 사람이라고 말할 수는 없다. 역도 마찬가지다. 선행하지 않는다고 해서 인성이 나쁜 사람이라고 볼 수도 없다. 선행이라는 것은 사람의 인성 자체를 평가하는 데 적합한 요소가 아니다. 꾸준히 남을 돕기 위해서 자신의 시간이나 돈, 능력 등을 나누는 행위는 당연히 칭찬받을 일이다. 그리고 그 사람이 좋은 사람이라는 꽤 강한 확신을 줄 수 있다. 그러나 선행을 하지 않았다고 해서 그 사람이 좋지 않은 사람이라고 말할 수는 없다. 모든 사람은 자기 삶을 충실히 살아가는 것만으로도 충분히 바람직한 인생을 살고 있고 존중받을 자격이 있다. 따라서 선행으로 좋은 사람, 나쁜 사람, 좋은 인성, 나쁜 인성을 구분하는 것은 조심스러울 수밖에 없다.

　때로는 선행이 목적에 의한 것일 수도 있다. 다른 나쁜 짓을 무마하기 위한 선행, 눈 가리고 아웅 하기 위한 선행을 우리는 주변에서 꽤 많이 볼 수 있다. 이득을 취하기 위한 수단으로서 선행을 사용하는 사람들도 존재한다. 어떤 의도가 바탕에 깔렸더라도 선행 그 자체는 칭찬받아서 마땅한 일이긴 하다. 하지만 만약 그 의도가 바른 것이 아니라면, 선행한 사람을 인성이 바른 사람이라고 말할 수는 없다. 역시 선행이 인성의 판단 기준이 되기 힘든 이유이다.

　그래서 유재석의 인성에 대해서 말하기 위해 구태여 그의 선행에 대해 이야기할 필요가 있는지에 대해서 고민했다. 그러나 결국 이 부분을 이야기해야겠다고 결심한 이유는, 이를 통해 그의 인성을 규정할 수는 없겠지만, 그래도 그가 일관되게 자기뿐만 아니라 남을 위해서도 사회적 의무와 책임을 다해온 사람이라는 것을 알리고 싶기 때문이다. 즉 선행 자체를 알리기보다는, 그가 사회적 의무와 책임을 다하고 있다는 사실을 알리고 싶은 것이다(더불어 선행이 전염될 수 있다는 말처럼, 그의 선행을 알림으로써 하나의 선행이라도 더 늘어난다면, 이 또한 값진 것으로 생각하기 때문에 언급을 하기로 결정했다).

　성공한 사람은 사회에 대한 의무와 책임을 져야 한다. 안철수가 '무릎팍 도사'에 나와서 말한 것처럼, 자신의 성공은 오로지 자신의 공으로 이뤄진 것이 아니다. 자기의 성공은 그 시대와 사회의 영향 아래서 얻어진 것이다. 지금과 같은 시대이기 때문에 레이디 가가가 세계적인 스타이자 시대를 상징하는 아이콘으로 대접받고 있는 것이지, 만약 200년 전에 레이디 가가가 나타났다면 그녀는 마녀로 몰려서 화형을 당했을지도 모르는 일이다. 안철수가 컴퓨터가 세상에 존재하지 않는 시대를 살았다면, 안철수 역시 평범한 의사가 되었을지도 모른다. 의학을 공부하던 안철수는 컴퓨터라는 기계가 발명됐기 때문에, 파키

스탄에서 알비 형제가 바이러스를 만들어 유포시킨[25] 시대를 살고 있었기 때문에 바이러스 의사로 변신할 수 있었다. 이렇게 국제적인 이야기를 하지 않아도, 한국 안에서 우리의 삶이 사회의 영향을 받는 것은 명확하다. 200년 전에만 태어났어도 왕족이었을 사람들, 혹은 누군가의 노예로 살아가야 했을 사람들이 있을 것이다. 누군가는 이런 시대적 상황이나 자신이 속한 사회, 즉 주변 환경에 의해 득을 보기도 하고 손해를 입기도 한다. 그래서 우리는 성공한 자들에게는 사회적 책임과 의무를, 성공하지 못했거나 어려움을 겪고 있는 자들에게는 사회적 권리를 부여하려 한다. 잘살고 못 사는 것이 환경과 연관되어 있다면, 그 환경의 한 부분인 우리 한 명 한 명은 성공의 과실과 실패의 절망을 함께 나눌 권리와 의무가 당연히 있어야 한다.

그런데 이런 사회적 의무와 책임을 다하는 사람을 찾는 것이 그리 녹록하지는 않다. 욕심은 더욱 큰 욕심을 부르고, 탐욕은 더 큰 탐욕을 부르는 것이 사람의 본성이기 때문일지도 모른다. 엄청난 부를 축적했음에도 얼마 되지 않는 세금조차 제대로 내지 않는 이들을 우리는 주변에서 쉽게 본다. 심지어 부자이면서 건강보험료를 제대로 내지 않는 이들도 있다. 이렇듯 최소한의 사회적 의무조차 하지 않는 이들이 존재하는 대한민국이기 때문에 유재석의 선행에 대한 언급이 더욱 필요할 수도 있다. 이를 통해 자신의 모습을 한번 뒤돌아보는 것도 큰

---

25) 파키스탄에서 알비 형제가 자신들이 만든 소프트웨어가 불법으로 복제되는 것을 알고 자신들의 소프트웨어에 바이러스를 심었는데, 이것이 최초의 바이러스이다.

도움이 될 것이라는 판단이다.

　나는 이 사회에서 어느 정도의 혜택을 입고 있는가?

　나는 나의 성공을 나눌 의무를 제대로 이행하고 있는가?

　혹은 나는 나의 고난을 함께 나눌 권리를 제대로 누릴 수 있는가?

　이에 대해 고민을 해봐야 한다. 우리는 어쨌든 사회 안에서 살고 있으니까.

　유재석의 선행 일화는 참으로 다양하다. 그 중에서 몇 가지만 추려서 말하려 한다. 대한민국에서 가장 성공한 사람 중의 한 명이 보여주는 선행의 모습을 살펴보자.

　한 네티즌이 인터넷 게시판에 글을 올려 유재석의 선행에 감사를 표시한 일이 있다.

네티즌의 외할머니께서 서울에 올라왔다가 길을 잃어버렸다. 길거리에 앉아 다리를 주무르며 쉬고 계셨는데, 어떤 모자 쓴 남자가 다가와서 "할머니 괜찮으세요? 실례가 안 된다면 짐을 좀 들어드려도 될까요?"라고 말했다고 한다. 그 남자는 외할머니의 짐을 들어주고, 메모지에 적힌 주소를 보더니 "여기가 너무 멀어서 걸어서는 못 가세요. 택시 잡아드릴게요. 택시 타고 가세요."라고 말하고는 택시를 잡아주고, 기사에게 택시비까지 쥐어주면서 "기사님, 잘 모셔주시고요. 기사님도 수고하세요."라고 말했다고 한다. 그때 택시 기사가 유재석을 알아보고 반가워하는 바람에 외할머니께서 자신을 도와준 남자가 유재석인 것을 알았다는 이야기다. [26]

26) 『스포츠경향』 2010년 12월 21일 기사 (http://sports.khan.co.kr/news/sk_index.
html?cat=view&art_id=201012211023183&sec_id=540101&pt=nv)

이런 일화를 보면 유재석이 카메라가 돌아가지 않는 일상생활 중에도 어르신을 공경하고 남을 도우려 하는 모습을 지니고 있다는 것을 알 수 있다. 이것은 성공했으니 돈이나 많이 내겠다는 선행과는 많이 다르다. 그는 도움이 필요한 사람에게 아주 작은 도움의 손길을 내밀었다. 때로 이런 선행은 대규모의 금전적 선행보다 훨씬 더 세상을 따뜻하게 만들곤 한다. 한 번은 이런 일화도 올라온 적이 있다.

일산의 한 쇼핑몰에 유재석이 나타났다. 많은 인파가 그를 보기 위해 몰려들었다. 이에 휩쓸린 한 여성이 핸드폰을 떨어트리고, 핸드폰을 찾으려다 손이 밟히는 바람에 상처를 입게 됐다. 이때 유재석이 다가와 무슨 일인지를 묻고 직접 핸드폰을 찾아주었다. [27]

일반적으로 연예인들은 사람이 많이 몰리는 상황을 가급적 피하고자 하는 경향이 있다. 자신이 눈에서 사라져야 혼란을 빠르게 잠재울 수 있기 때문이다. 많은 인파에도 불구하고 계속 머물다가는 사고가 발생하기 십상이다. 팬들을 무시한다는 인상을 줄 정도로 연예인들이 빠르게 자리를 피하는 것은 문제가 생기는 것을 막기 위한 그들의 현명한 대처이기도 하다. 그러나 유재석은 그런 상황에서도 다친 팬을 알아봤고, 핸드폰까지 같이 찾아줬다. 쉽지 않은 일임에 분명하다. 과거

---

27) 『뉴스앤』 2011년 6월 27일 기사
(http://www.newsen.com/news_view.php?uid=201106271748411001)

유재석이 시민들에게 다칠 수 있으니 질서를 지켜달라고 외치자, 사람들이 질서를 지키고 길을 내어주는 동영상이 올라온 적이 있다. 아마 유재석은 주변을 잘 통제하면서 핸드폰을 찾아주었을 것이다.

태안으로 봉사를 다녀온 일에 대해서도 말해야 할 것 같다. 태안 기름 제거 봉사에 유재석이 노홍철과 함께 가서 남몰래 기름 제거 작업을 한 것으로 알려졌다.[28] 그는 이 사실이 공개되길 원하지 않았지만, 같이 봉사했던 사람들에 의해 알려지게 됐다. 선행을 드러내지 않으려 하는 그의 자세 또한 그의 인성을 느끼게 해준다. 사진 기자들을 대동해서 우르르 몰려다니는 높은 분들과 비교해보면, 그의 봉사가 '인성'에 입각한 것임을 더욱 확인할 수 있다.

유재석은 기부를 많이 하는 것으로도 알려졌다. 그의 기부 사실은 예전엔 거의 공개되지 않았었다. 다른 연예인들의 기부가 보도되어 많이 알려지는 것과는 반대로, 그의 기부 활동은 언론에 거의 노출되지 않았기 때문이다. 그러다 보니 이에 대해서 악플을 다는 사람이 생기기도 했다. 유재석은 자기 일만 하고 돈도 잘 버는데 기부를 하지 않는다는 것이다. 이 때문에 유재석의 기부에 대한 논란이 일어나기도 했다. 그러자 '아름다운재단'에서 유재석이 창립 당시부터 10년 이상 매월 500만 원씩 꾸준히 기부하고 있다고 밝혔다.[29]

---

28) 『스포츠서울』 2008년 1월 29일 기사
(http://news.sportsseoul.com/read/entertain/515385.htm)
29) 『엑스포츠뉴스』 2012년 8월 16일
(http://xportsnews.hankyung.com/?ac=article_view&entry_id=249624)

방송가 일각에서는 유재석이 기부하는 돈의 액수가 알려진 것보다 훨씬 많을 것으로 추정하고 있다. 그는 자신의 기부를 가급적 비밀에 부치고 드러내지 않으려 하기 때문이다. 그것이 유재석이 기부하는 방식이고, 자신의 사회적 책임을 넘어 더욱 크게 이바지하는 방식이다. 물론 나는 기부 내용이 더욱더 공개되고 널리 알려져야 한다고 생각한다. 기부도 전염될 수 있다고 믿기 때문이다. 연예인들이 공개적으로 선행을 베풀면 베풀수록 더 많은 이들이 이에 전염되어 선행을 베풀 수 있다고 생각한다. 그래서 자신의 기부 상황을 공개하는 연예인들을 나쁘게 보지 않으며, 더욱 적극적으로 드러내는 것이 필요하다고 여긴다. 그렇지만 유재석과 같은 조용한 기부도 아름다운 일임에는 분명하다. 유재석의 선행을 살펴보면, 돈으로 하는 기부는 가급적 감추는 대신, 평상시에 눈에 보이는 작은 선행들을 꾸준히 하고 있는 것을 알 수 있다. 그의 이 선행 방식은 돈보다 마음에 집중하고 있다. 이렇게 마음이 담긴 선행은 겉으로 드러나든 그렇지 않든, 사회를 더 나은 곳으로 만들 수 있다.

　유재석의 선행에는 '보여주기'라는 것이 없다. 그에게 중요한 것은 자신의 선행을 보여주는 것이 아니라, 누군가가 도움을 받는 상황이다. 즉 상대가 도움을 받으면 그것으로 된다는 것이다. 나는 이것이 유재석의 인성 때문에 가능하다고 생각한다. 그는 기본적으로 상대를 배려하는 것이 거의 체화되어 있다. 그에게 선행이란 특별한 것이 아니라, 상대를 배려하는 행위일 뿐이다. 상대를 배려하고 자신이 할 수 있는 것이 있다면 하는 것, 유재석에게 선행은 딱 그 정도의 의미만 있을 것이다. 무척이나 담백하지만, 실은 선행의 핵심을 정확히 꿰뚫고 있다.

그러고 보면 역시 선행의 형태는 중요하지 않다. 만 원을 기부하든 1억을 기부하든, 그것을 드러내든 감추든, 몸으로 돕든 마음으로 돕든, 그 어떤 형태라도 중요한 것은 사회 안에서 남을 배려하는 것, 그리고 나눌 수 있는 것을 함께 나누려는 자세다. 유재석은 이 자세를 가장 잘 보여주는 연예인이다.

우리는 고민해 봐야 한다. 우리는 어떤 선행을 하고 있는가? 꽤 당당하게 매달 돈을 기부하거나 봉사활동을 하면서 정작 내 옆에 있는 사람에게 따뜻한 말 한마디 건네지 못하고 있는 것은 아닐까? 만약 그렇다면 우리에겐 마음에 기초한 작은 선행을 하기 위한 노력이 필요할지도 모른다.

유재석의 선행이 마음에 기초하고 있는 것 그리고 그것이 세상을 따뜻하게 만들 수 있다는 것을 생각해 보면, 우리는 역시 마음에 기초한 선행을 해야 한다. 이를 통해 우리는 세상을 조금 더 따뜻한 곳으로 만들 수 있을지 모른다. 이 덕분에 우리 또한 조금 더 따뜻한 세상 속에서 살 수 있게 된다면, 모두가 조금 더 웃으며 살 수 있지 않을까?

후배를 보호하는 유재석, 배려의 신인가?

2012년 4월 13일

유재석이 개그맨 후배들을 매우 아낀다는 것은 이미 잘 알려진 사실이다. 그는 상을 받을 때도 개그맨 후배들을 언급함으로써 현재 '개그 콘서트'를 제외하고는 매우 힘든 상황을 겪은 후배들에게 한 번의 조명이라도 더 갈 수 있도록 했다. 그만큼 그는 후배 사랑이 극진하다. '이상한 나라의 앨리스'를 소재로 하여 만들어진 '런닝맨'에서도 이와 같은 모습은 잘 나타났다.

유재석은 미션 중에 '개그 투나잇'의 개그맨 후배들과 함께 묵지빠를 해야 했다. 이 후배들을 본 유재석은 자리를 잡고 이들과 한바탕 콩트를 벌였다. 사실 반가워하고 미션만 해도 상관없음에도 불구하고, 그는 이것저것 말을 더 함으로써 후배들이 방송에 나올 수 있는 시간을 늘려주었다.

그런데 이 와중에서 후배들이 유재석에게 "말 더럽게 많네."와 같이 좀 강한 말을 한다든가, 부채로 얼굴을 여러 번 치고, 뿅 망치로 완전히 세게 유재석을 때리는 장면들이 나왔다. 아무리 미션이어도 충분히 과하다고 느낄 수 있을 만한 것이었다. 특히 다른 사람도 아닌, 하늘같이 높은 선배이자 국민 MC이자 대한민국 최고의 예의남인 유재석에게 그렇게 한다는 것은 분명 비난받을 만했다. 그러나 유재석은 이를 또 막아준다.

유재석은 미션을 끝내고 돌아가면서 "뿅 망치는 세게 때리는 것이 제맛."이라고 하면서, 사실 아프진 않다고 말하고 후배들이 잘하고 있다고 칭찬을 해줬다. 이는 확실히 비난 여론이 생길 수도 있다는 것을 눈치 챈 그의 배려라고 볼 수 있다. 카메라를 향해 혼잣말로 후배들을 보호해준 것이다.

유재석의 배려는 이제 병적으로 보일 정도다. 최고의 위치에 있으면서도 항상 후배들을 챙기고 보살피고 막아준다. 사람이 어떻게 이렇게 생각이 깊은지 놀라울 정도이다. 어쩌면 그가 매우 오랜 시간 꾸준히 최고의 위치에 있는 이유는 바로 이런 배려에서 나오는 권위가 아닐까 싶다. 이 말은 곧 앞으로도 유재석의 천하는 끝나지 않을 것이라는 말과 같다. 그의 배려가 끝나지 않는 이상 그는 꾸준히 대한민국의 일인자로 남을 것이다.

유재석의 인품. 그가 유느님이라 불리는 이유.

2011년 7월 3일

이적이 유재석의 이야기를 노래로 만들고 싶다고 했을 때, 그것은 진심이었을 것이다. 현재 대한민국에서 가장 인기 있는 국민 MC이자 모든 사람에게 귀감을 보여주고 있는 유재석이라면, 그리고 최고의 자리에서 무려 5년이 넘는 시간을 머무르면서도 한결같은 그의 모습이라면, 그리고 누구보다 힘들었던 좌절의 시기를 겪은 그라면, 충분히 노래를 통해 그의 이야기를 전달할 만한 가치가 있었을 것이기 때문이다. 게다가 '무한도전'의 팬인 이적이라면 더욱 그러고 싶었을 것이다.

누군가의 삶의 이야기를 노래로 담는다는 것은 분명 매혹적인 일이다. 갖은 고생을 하고 최고의 위치에 올라서 이제 서서히 정점을 찍었다고 느껴질 때쯤, 누군가가 나의 이야기를 노래로 만들어준다고 하면, 그 유혹을 마다할 사람은 많이 없을 것이다. 유재석 또한 그랬다. 부끄럽다고 말했지만, 쑥스럽다고 말했지만, 아예 싫은 기색은 아니었다. 물론 이것이 그가 자신의 이야기를 내세우고 싶거나 잘난 척하기 위해서는 아니었던 것으로 보인다. 그는 그저 그것이 누군가에게는 필요한 이야기일지도 모른다고 생각했을 것이다.

하지만 결국 유재석은 듣는 사람이 가장 즐거워할 만한 자신의 모습을 생각하고, 그것에 따라 '압구정 날라리'를 만들어냈다. 자신의 이야기를 하는 것에 대한 부담감과 부끄러움이 있었을 것이다. 하지만 '압구정 날라리'도 결국에는 자기 이야기였다. 그러니 그보다 더 큰 이유는 관객이 가장 즐거워할 것이 무엇인지를 생각했기 때문으로 보인다. 그의 직업은 사람들을 즐겁게 만들어주는 것이다. 그는 최고임에도 불구하고 그가 해야 할 가장 기본적인 일이 무엇인지 잊지 않고 있었다.

보통 많은 사람은 자신이 최고의 위치에 있을 때, 혹은 자신이 안정되었을 때, 자신이 해야 할 기본적인 것에 대해 쉽게 망각하고, 자신이 누릴 수 있는 것이 무엇인지를 먼저 찾게 된다. 그만큼 고생했으니, 이제 이만큼 됐으니, 무언가 대가를 받아야겠다는 생각이 들기 때문이다. 유재석이라면 자신에 대한 노래를 불러도 충분히 감동적이었을 것이고, 사람들에게 무언가를 충분히 느끼게 해주었을 것이다. 그걸 뭐라고 할 사람도 없을 것이고, 그의 이미지는 분명히 더 좋아졌을 것이다. 그것이 그가 서해안 고속도로 가요제에서 이적과 함께 얻을 수 있는 가장 큰 것이었다. 그러나 그는 그것을 버리고 시청자와 관객이 가장 많이 얻을 수 있는 것을 선택했다.

여기서 유재석이 왜 대단한지, 왜 국민 MC라고 불리는지가 드러난다. 이미 최고의 자리에 있음에도 불구하고 한순간도 그 자리에 머무르지 않으려 하는 모습, 자신이 왜 최고의 자리에 있는지 잊지 않고 묵묵하게 자신이 해야 할 것을 하는 그런 한결같음, 그리고 누군가의 호의와 칭찬에 한 발짝 물러설 수 있는 겸손함이 그가 오랫동안 최고의 위치에 있는 이유를 설명해주고 있다. 그것을 한마디로 하면 바로 유재석의 인품이다.

그와 이적의 '압구정 날라리'무대는 그가 바란 대로 수많은 관객과 시청자들에게 최고로 신나는 시간을 제공해주었다. 그는 본연의 자기 임무를 무사히 마친 것이다.

서해안 고속도로가요제의 끝에 쳐진 달팽이의 '말하는 대로'의 무대가 있었던 것이 나는 유재석의 의견인지 김태호 PD의 의견인지 알 방법이 없다. 그러나 누구의 의견이든지 간에, 공연이 끝나고 객석이 정리된 그 무대에서, 그 열정과 환희가 사라진 그 무대에서, 오히려 약간의 긴장된 목소리로 마음을 담아 부르는 그와 이적의 노래가 시청자에게 더욱 큰 감동을 줬단 것은 분명하다. 아무도 없는 곳에서 모든 환희가 끝난 후에 조용히, 그러나 진심을 담아 건네는 그의 이야기이기 때문이다. 앞에서 대놓고 말해도 누구도 뭐라 하지 않을 그 이야기를 구태여 모든 것이 정리된 그곳에서 한다는 것, 그것 자체에 이미 유재석이라는 사람이 묻어나 있고, 그러므로 그 노래가 가지고 있는 진심이 더 강하게 증폭되었을 것이다.

유재석이라는 사람의 인품이 원래 그렇다. 그러니 그가 최고의 자리에 오래 있는 것은 당연할 수밖에 없다. 모두가 주인공이었던 서해안 고속도로가요제이지만, 그럼에도 불구하고 그의 향기가 가장 오랫동안 남아 있는 것은 그가 유재석이기 때문일 것이다.

유재석 배우기 4

유재석의 리더십

칼럼을 쓰면, 가장 먼저 내 개인 블로그에 그 글을 올린다. 그러면 한 신문사가 그 글을 가지고 가서, 필요한 사진도 넣고 내용도 살짝 수정하여 기사로 발송한다. 다른 신문사에는 직접 글을 올리면, 역시 신문사에서 필요한 사진도 넣고 내용도 수정하여 기사로 내보낸다. 이렇게 나온 내 글은 네이버, 네이트, 다음과 같은 포털 사이트에 노출된다. 그래서 내 칼럼은 블로그에 직접 방문하거나, 신문사 사이트를 통하거나, 혹은 포털 사이트를 통하는 3개의 경로를 통해 독자를 만나게 된다. 이 3개의 경로 중에서 대중의 반응을 가장 잘 알 수 있는 것은 단연코 포털 사이트다. 그것은 댓글이라는 제도가 있기 때문이다. 내 글에 댓글이 달리고, 그 댓글들을 통해 나는 대중의 반응을 살펴본다. 개인적으로는 글이 좋다는 댓글보다는, 댓글을 통해 많은 네티즌이 서로 의견을 나누고 논쟁하는 분위기가 만들어질 때, 무척 기분이 좋다. 칼럼니스트, 평론가라는 타이틀을 달고 글을 쓰는 이상, 내가 쓴 글이 사회적 논의에 아주 쥐꼬리만큼의 영향이라도 줄 수 있다면 큰 영광이라고 생각하기 때문이다. 그래서 내 글이 좋고 나 잘났음을 확인하기보다는, 그저 하나의 논의 거리가 되는 모습을 보는 것이 훨씬 뿌듯하다.

포털을 통해 내 글을 접하는 사람에 비해 블로그를 통해 내 글을 읽는 사람은 많지 않다. 일단 글 자체가 읽기 편한 감상보다는 분석적인 이야기이기 때문에, 재미가 있는 것도 아니고, 누군가를 비난하거나 욕하는 자극적인 글도 거의 없어서, 블로그 자체는 좀 휑한 분위기가 있다. 그럼에도 나는 블로그를 매우 소중하게 여긴다. 방문객들이 어떤 경로를 통해 내 블로그에 도착했는지 확인할 수 있기 때문이다. 내 블로그로 네티즌들이 유입되는 가장 흔한 경로는 바로 모 포털 서비스의 블로그 서비스를 통해서이다. 블로그 서비스에 내 글이 함께 발행되도록 해놨기 때문에, 그곳에서 링크를 타고 오는 분들이 가장 많다. 때로는 내가 쓴 글을 팬클럽 카페라든가 게시판으로 퍼가서 링크를 타고 오는 사람들도 있다. 마지막으로 포털 사이트에 직접 검색어를 입력해서 블로그로 오는 네티즌들이 있다.

블로그의 관리 도구를 사용하면, 네티즌들이 어떤 검색어를 통해서 블로그로 들어왔는지 확인해볼 수 있다. 개인적으로 이 유입 경로를 매우 주의 깊게 살펴보곤 하는데, 이것을 통해 네티즌들이 어디에 관심을 지니고 있는지를 알 수 있기 때문이다. 보통은 그 당시에 이슈가 되는 검색어를 통해 들어오는 경우가 가장 흔하다. 이런 경우 갑작스럽게 검색어를 통한 방문이 확 증가하게 된다. 하지만 당시의 이슈가 아닌데도 불구하고 꾸준히 네티즌이 검색하는 검색어도 있다. 보통 인기 있는 연예인의 이름을 검색해 들어오는 경우가 많다. 특히 아이돌이 많은 것을 보면, 아이돌의 인기가 확고한 것을 알 수 있다. 하지만 내 눈길을 끈 검색어는 아이돌의 이름이 아니다. 유재석이다. 그런데 단순 유재석이 아니라 '유재석 리더십'이다.

다양한 검색 키워드 중에서 '유재석 리더십'은 꾸준히 오랫동안 야금야금 사용되는 키워드였다. 이 키워드가 내 눈길을 끈 것은 유재석이라는 이름 때문이기도 했지만, '리더십'이라는 단어 때문이었다. 당연하게도 유재석을 제외하고 리더십이라는 단어와 함께 검색되는 연예인은 없었다. 어쩌면 연예인 중에서 유일하게 리더십이라는 단어와 어울리는 사람이 유재석인지도 모르겠다. 왜냐하면 나 스스로도 리더십이라는 주제를 가지고 다양한 글을 쓸 수 있는 연예인이 유재석뿐이라고 생각하기 때문이다.

왜 사람들은 유재석의 리더십에 관심을 가질까? 그리고 나는 왜 유재석의 리더십에 대해서는 글을 쓸 수 있다고 생각할까? 그가 리얼 버라이어티 프로그램을 진행하는 것이 가장 큰 이유일 것이다. 리얼 버라이어티는 메인 진행자가 고정 출연진들과 함께 다양한 미션을 수행하는 것을 기본 틀로 지니고 있다. '무한도전'은 매번 미션을 바꾸면서 도전을 해나가고, '1박 2일'은 여행을 기본으로 하긴 하지만 역시 그 안에서의 다양한 임무 수행을 하는 것이 프로그램의 가장 큰 부분이다. '런닝맨'도 마찬가지다. 기본은 추격전이지만, 최근에는 매회 다양한 미션들을 수행하는 방식으로 프로그램이 진행되고 있다. 때로는 추격전 자체가 없는 경우도 있을 정도로, 미션을 만들고 그 미션을 수행하는

데 집중하고 있다. '정글의 법칙'또한 오지에서 살아남기라는 기본적인 미션을 그대로 고수하고 있다. 이처럼 대한민국의 리얼 버라이어티는 곧 미션 수행이라고 볼 수 있다.

미션을 수행해야 하는 리얼 버라이어티에서 리더의 역할은 상당히 중요하다. 아무리 방송이어도 팀을 이끌고 임무를 수행해내기 위해서는 리더십이 필수 불가결한 요소이다. 그래서 방송계에서는 성공적인 리얼 버라이어티를 만들기 위해서는 반드시 중심이 되는 메인 MC, 즉 리더의 역량이 뛰어나야 한다는 이야기가 나온다. 그리고 대한민국에서 리얼 버라이어티를 확실히 성공시킬 수 있다고 여겨지는 리더십을 가지고 있는 연예인은 유재석과 강호동뿐이었다.

유재석과 강호동을 제외한 다른 연예인들도 물론 리얼 버라이어티를 어느 정도는 이끌어나갈 수 있을 것이다. 하지만 유재석과 강호동만큼 확실히 성공시킬 수 있다고 보기는 힘들다. 이미 리얼 버라이어티가 대세가 될 것을 알고 그 누구보다 빠르게 '라인업'이라는 리얼 버라이어티를 만들어냈던 이경규 정도가 유재석과 강호동의 수준에 근접했다고 볼 수 있다. 하지만 '라인업'도 실패했고, '남자의 자격'도 서서히 반응이 줄어들다가 결국 종영됐던 것을 보면, 리얼 버라이어티라는 장르에서만큼은 유재석이나 강호동보다는 조금 떨어지는 것으로 볼 수 있다.

그 외의 리얼 버라이어티를 살펴보면, 여자 아이돌이 주축이 되었던 '영웅호걸', '청춘불패'나, 한때 대세로 자리매김할 수 있을 뻔했던 MBC의 '용감한 형제들'과 같이 어느 정도의 인기를 끈 프로그램이 있긴 했지만, 전부 성공했다고 보긴 힘들다. 특히 '용감한 형제'들 같은 경우는 김구라, 탁재훈, 박명수라는 A급 예능인들이 총출동했음에도 불구하고 결국 표류하고 말았다. 연기자들끼리의 알력 다툼이 있었다는 이야기도 있고, 출연진들이 하나로 뭉쳐서 나아가지 못한 것이 성공을 이루지 못한 가장 큰 이유라는 설도 있다. 하지만 어쨌든 간에 모든 출연진을 조율하면서 중심을 잡아줄 수 있는 리더가 없었기 때문이라는 평은 상당히 정확한 것으로 보인다. 쟁쟁한 A급을 모아놨지만, 그들 사이에서 리더의 부재는 결국 가능성 있는 프로그램이 폐지되는 결과를 만들었다.

이렇듯 리얼 버라이어티 작품들을 살펴보면, 방송 안에서 리더십을 발휘하고 성공을 이뤄낼 수 있는 인물은 역시 유재석, 강호동밖에 없다고 볼 수 있다. 다만 탈세 사건 이후 강호동이 주춤하고 있는 것은 사실이다. 그러나 여전히 '우리 동네 예체능'을 무난하게 이끌어나가고 있는 것을 보면, 그가 지닌 기본적인 힘은 아직 완전히 사라진 것으로 보이진 않는다. 단지 강호동의 리더십 자체가 강압적이고 상대를 불편하게 하는 보스형의 모습을 지니고 있고, 이것이 현재에 어울리는 방식인지, 대중들이 원하는 리더십의 모습인지에 대한 의구심이 있기 때문에, 그가 다시 화려하게 비상하기는 쉽지 않다는 판단이다.

그에 비해 유재석은 여전하다. 물론 유재석도 최근 들어 힘이 많이 약해진 것이 사실이다. 일단 비지상파의 비상과 시청 매체의 다양화로 인해 지상파의 시청률이 과거보다 현저히 떨어지고 있다. 게다가 그와 함께 열심히 방송을 이끌어나가던 길과 노홍철의 연이은 하차는 유재석의 전성기가 이미 끝난 게 아니냐는 의구심을 피할 수 없게 만든다. 하지만 그럼에도 '무한도전'은 여전히 시청자들이 가장 사랑하고 가장 몰입도가 높은 프로그램이고, '런닝맨'은 국내를 넘어 해외에서 큰 사랑을 받고 있는 프로그램이다. 게다가 유재석의 국민 MC로서의 권위 또한 그대로 남아 있기 때문에, 그의 리더십을 살펴보는 것은 매우 타당하다. 특히 유재석의 리더십은 앞으로도 꽤 힘을 발휘할 만한 성질의 것이다. (유재석과 무한도전의 위기론이 불거져 있던 시기가 2014년 11월이었는데, 12월 말에 방송된 〈토토가〉의 엄청난 성공과, 연예대상 2관왕을 통해서 위기론은 사라졌고, 유재석은 다시 한 번 최고의 위치를 공고히 했다.)

내가 강호동의 리더십이 현재와 어울리지 않는 부분이 있고, 유재석의 리더십이 여전히 우리에게 유효한 것이라고 여기는 것은 두 리더십의 성격 차이 때문이다. 뒤의 내용에서 자세히 다루겠지만, 우리에게 필요한 건 분명히 유재석의 리더십이다. 그러므로 나는 꾸준히 강호동의 리더십보다는 유재석의 리더십에 대해 더 많은 관심을 가져왔고 더 많이 분석해왔다. 도대체 내가 왜 그렇게 여기고 있는지, 그 지점에서부터 유재석의 리더십에 대한 이야기를 시작해보려 한다.

왜 유재석의 리더십인가?

현재 대한민국에서 가장 결핍된 것을 한 가지 고르라면, 나는 리더 십을 말하고 싶다. 오늘날 우리가 리더에게 보이는 태도를 생각해보면, 존경은 고사하고 불만과 비난만이 가득하다. 이것은 어떤 한 특정한 리더에 대한 우리의 태도를 말하는 것이 아니다. 현대의 대한민국은 수많은 각자의 리더에게 비난을 던지고 있다. 그 리더는 이 나라의 대통령일 수도 있고, 전 대통령일 수도 있고, 정치인일 수도 있다. 회사의 사장님일 수도 있고, 학교의 선생님일 수도 있다. 어쩌면 같은 부서의 대리님일 수도, 같은 과의 과대표일 수도 있다. 그 리더가 누구든 우리는 리더에게 존경의 눈길보다는 불신과 비난의 눈초리를 보내고 있는 것이 사실이다. 나는 이것이 매우 안타까운 일이라고 생각한다. 리더가 있는 상태에서 리더를 인정하지 않는 것, 그리고 리더에게 비난만 보내는 것은 차라리 리더가 없는 것보다 더 못하기 때문이다. 리더에 대한 불신은 정확한 상황 판단을 흐리게 만들고, 반대를 위한 반대만을 만들 가능성이 크다. 이는 나 자신뿐만 아니라 모두에게 꽤 비효율적인 일이 될 수 있다. 그런데 안타깝게도 나는 이렇게 리더에게 불만과 비난을 던지는 사람에게 그러면 안 된다는 이야기를 할 수가 없다. 우리가 이렇게 된 바탕에는 리더의 잘못이 있기 때문이다.

우리는 리더가 우리 위에 군림하는 사람이라고 배우고, 인식하고, 체감하며 살아왔다. 군대를 다녀온 남자 대부분이 리더란 우리 위에 있는 존재이며, 우리는 그의 수족과도 같은 부하임을 납득하고 받아들이는 경험을 했다. 이런 인식에 세뇌되어 있다고 봐도 될 것이다. "까라면 까!"라는 말에 누구도 토를 달지 못하는 곳이 군대다. 군대에서는 합리보다 중요한 것이 리더의 말 한마디다. 우리는 그들의 말 한마디에 전혀 가치 없는 일을 해야 하며, 비상식적인 일을 해야 한다. 그것에 불만을 표하면서도 어쩔 수가 없다. 더 큰 문제는 결국 이런 방식이 지닌 효율성에 젖은 채로 사회로 복귀한다는 점이다. 부하 입장에서는 시키는 것만 하면 된다는 노예근성에 젖고, 리더가 되면 자기 마음대로 시키는 것에 희열을 느낀다. 상명하복이 지니고 있는 맛을 알고 사회로 나오는 것이다. 그래서 자기도 모르게, 리더와 팔로워의 관계는 위와 아래, 주인과 노예, 상사와 부하라고 생각하는 것이 당연해진다. 남자들이 가져온 이런 인식은 고스란히 여자에게도 전달되고, 대한민국의 사회는 이러한 인식을 은연중에 공유하게 된다.

동시에 대한민국은 아주 오래전부터 리더에게 강한 도덕적 관념과 윤리를 요구해왔다. 이는 아주 오래된 우리의 특성이라고 볼 수 있다. 심지어 조선시대 때도 우리는 왕에게 도덕과 윤리를 요구했고, 그것이 행해지지 않을 때는 지속해서 관리들의 견제와 추궁을 들어야 했을 정도다. 조정의 대신들은 왕의 일거수일투족을 감시하고, 기록했으며, 왕이 옳은 길을 가도록 계속해서 잔소리를 했다. 이러한 특성은 우리 안에 여전히 내재해 있다고 여겨진다.

정리하면, 우리는 리더를 우리의 위에 두되, 그 리더가 옳은 길을 갈 수 있도록 견제하는 방식으로 리더를 바라보고 있다. 그러나 현재의 리더는 어떤가?

모든 이가 그렇다고 말할 수는 없지만, 대한민국에서 리더들, 소위 기득권층은 자신의 지위를 이용해 부당한 이득을 보거나, 리더로서 팔로워를 돌보기보다는 자신의 잇속을 채우려 하는 데 급급하다. 국민의 경고에는 귀를 닫고, 쓴 소리를 한 사람은 권력과 재력을 사용해 입을 닫도록 만드는 데 거리낌이 없다. 과거 왕이 왕도를 가기 위해 고민하고 고심하며 괴로워했던 것에 비하면, 현재의 리더들은 조선의 왕보다도 훨씬 더 제멋대로인 모습을 보이고 있다. 그러니 우리가 그런 리더에게 존경을 품을 리가 없다. 리더에 대한 국민적 반감은 기득권이 스스로 쌓아올린 측면이 강하다.

이렇게 리더에 대한 반발이 쌓여 있는 상황이기에 국민들은 좋은 리더에 대한 갈망을 지니고 있다. 그 갈망은 국민이 원하는 최소한의 요건을 갖춘 사람을 만나면 강렬하게 폭발해서 사회에 퍼진다. 일종의 붐이 일어나는 것이다. 이런 붐의 주인공이 됐던 인물이 바로 안철수이다.

안철수는 아주 오래전부터 대한민국의 상징적인 아이콘이었다. 그는 컴퓨터 바이러스 백신을 무상으로 공급했던 사람이고, 외국의 대기업이 안철수연구소를 큰돈을 주고 인수하려 했을 때, 국가적인 이익을 생각해서 이를 거부했던 사람이다. 이미 그때부터 그는 차세대 리더로서 자신의 가치를 지니고 있었다. 단지 그를 아는 사람이 그렇게 많지 않았을 뿐이다. 그런 그가 '무릎팍 도사'라는 대중적인 프로그램에 출연하면서 마침내 다수의 국민에게 '안철수'를 알릴 수 있었다. 서울대 출신이자 의사이고, 성공한 벤처 사업가면서 교수이기도 한 성공적인 엘리트인 안철수가 자신의 공이 자신만의 것이 아니라 사회의 도움 덕분이었다며 그 공을 사회에 돌렸을 때, 사람들은 그를 '새로운 리더'의 자격이 있다고 판단했다. 좋은 리더에 대한 갈망이 마침내 그 대상을 찾아낸 것이다. 따라서 안철수 열풍은 안철수라는 개인에 대한 것이라기보다는, '새로운 리더'에 대한 갈망의 표출이라고 설명할 수 있다. 실제로 안철수 본인도 서울시장 재보선 후보 출마를 포기하면서 "제게 보여준 기대 역시 온전히 저를 향한 것이 아니라, 우리 사회 리더십의 변화에 대한 열망이 저를 향해 표현된 것."이라고 말했다. 즉 우리는 안철수를 원하는 것이 아니라, '새로운 리더'를 원할 뿐이었다. 그것이 안철수인지 아닌지는 중요하지 않았다. 이를 증명이라도 하듯이 대중들은 안철수의 행보를 보며, 그가 새로운 리더 감이 아니라는 판단을 하자마자 냉정하리만큼 빠르게 돌아서버렸다. 강력한 차기 대선 후보였던 안철수는 현재 겨우 잠룡 안에 이름을 올릴 정도로 지지를 잃어버렸다. 중요한 것은 '안철수'가 아니라 대한민국이 원하는 '리더의 모습'이며, 이를 투영시킬 대상이다.

물론 이는 대통령에게만 해당되는 이야기가 아니다. 국민들이 지니고 있는 보편적인 리더에 대한 갈망은 대통령뿐만 아니라, 바로 내 앞에 있는 리더를 향하기도 한다. 따라서 현재의 한국인들이 원하고 바라는 리더십이 구체적으로 어떤 모습을 지니고 있는지를 알아야 한다. 이를 통해 앞으로 대한민국을 어떤 사람에게 맡겨야 하는지에 대한 논의도 가능할 것이고, 이런 거창한 내용을 떠나서 나는 어떤 리더십을 갖추어야 하는지에 대한 고민도 가능할 것이기 때문이다. 대중이 원하는 리더십이란 결국 내가 갖추어야 리더십이라는 이야기다.

그러면 도대체 왜 유재석일까? 그러니까 내 말은 지금 대한민국 사람이 가장 갈망하는, 동시에 우리에게 가장 필요한 리더의 모습이 유재석이라는 것이다. 내가 이렇게 말하면 많은 사람이 '어째서?'라며 궁금해할 것이다. 과연 우리가 원하는, 그리고 우리에게 필요한 리더십이 왜 유재석의 리더십일까?

대한민국이 필요로 하는 리더를 찾기 위해서 대중에게 잘 알려진 인물을 찾아야 했다. 어떤 특정 집단이 아닌, 전반적인 대한민국이 바라는 리더 상을 그려야 했기 때문이다. 급작스럽게 인기를 얻거나 지지를 얻은 사람은 제외해야 했다. 순간적인 인기는 큰 의미가 없고 곧 사그라질 가능성이 높다. 이 시대가 원하는 리더십을 찾기에 적절하지 않았다. 따라서 오랜 시간 꾸준히 리더십을 발휘한 사람이어야 했다. 게다가 정치적인 특성이 있는 인물은 제외할 필요가 있었다. 정치와 연관되어 있으면 정치적인 성향에 따라 호불호가 명확하게 갈릴 위험이 있고, 정치적 성향만 맞으면 무조건 좋게 평가하거나 그 반대가 될 확률이 높기 때문이었다. 이런 이유로 정치인이 아니면서 대중에게 많

유 재 석 배 우 기

이 노출된 인물을 찾아야 했다. 그래서 연예인이나 스포츠 관련 인사로 범위를 한정해야 했다. 이 두 분야에서 전 국민적인 명성을 지니고 장기간 리더십을 인정받은 인물을 찾다 보니, 유재석이 가장 적절한 인물이라는 확신이 들었고, 우리가 그의 리더십을 필요로 한다는 것을 알았다.

일단 유재석은 국민 MC로서 전 국민적인 사랑을 받고 있다. 연예인 중에서 호감도가 가장 높은 축에 속하고, 안티 팬은 거의 존재하지 않는다. 게다가 오랫동안 활동했고, 그 오랜 시간 동안 계속 최고의 평가를 받아온 사람이다. 위에서 밝힌 것처럼, 성공을 위해서 리더가 필요하고 리더의 역할이 상당히 중요할 수밖에 없는 리얼 버라이어티에서 최고의 활약을 했고, 최고라는 것을 수년간 증명해왔다.

또한 같이 출연하는 출연진이 '리더'로서 인정하고 다들 충실히 그를 따르는 점을 보면, 유재석이 훌륭한 리더라는 것을 알 수 있다. 국민들도 유재석을 뛰어난 리더로 인식하고 있다. 국민들은 이미 유재석을 장관을 맡기고 싶은 연예인 1위로 뽑았고((주)오디이엔티 2011년 조사), 직장 상사로 모시고 싶은 남자 연예인 1위로 선정하기도 했다. 이 설문조사에는 1,062명이 참가했는데, 유재석은 무려 60.7%의 지지를 얻었다(2011년 에듀윌 조사). 이와 비슷하게 '나의 직장 상사였으면 하는 연예인'이라는 설문조사에서도 유재석은 1위였다(2009년 취업·인사 포털 인크루트). 2007년에 실시한 '같이 회사에 다니고 싶은 연예인'을 묻는 조사에서도 31%의 지지율로 1위를 차지했다. 그뿐만이 아니다. '자신이 생각해둔 이상적인 리더 상'과 가장 가까운 인물을 묻는 설문조사에서 유재석은

40.5%의 지지율로 1위를 차지했다(2010년 취업포털 커리어). 주간지 『시사저널』이 창간 20주년을 맞아 여론조사 전문 기관 미디어 리서치와 함께 차세대 리더 선정에 관한 설문조사를 시행했는데, 여기서도 유재석은 연예 부문에서 1위로 선정된 바 있다. 2013년에는 멘토로 삼고 싶은 연예인 1위로 뽑히기도 했다(2013년 에듀윌). 2014년에는 직장 상사였으면 하는 남자 연예인 1위에 뽑히기도 했다(2014년 에듀윌).

이런 다양한 설문조사 결과에서 알 수 있듯이, 유재석은 어떤 특정 집단이 아니라 다양한 집단에서 이미 '바람직한 리더 상'으로 평가받고 있다. 김구라는 '썰전'에서 "국민들이 유재석처럼 카리스마와 소통을 겸비한 지도자를 원한다는 것을 느꼈다."고 밝히기도 했다.

이런 이유를 따져보면 위에 말했던 조건, 즉 '잘 알려졌고, 오래 활동한, 그러면서 리더로서 인정받은 사람'으로 유재석을 꼽을 수밖에 없다. 단지 내가 그렇게 생각하기보다는, 이미 많은 사람들이 유재석의 리더십을 원하고, 바라며, 필요하다고 여기고 있었다. 그러므로 유재석이라면 지금 우리에게 가장 필요한, 우리가 가장 원하는 리더의 모습을 알려줄 수 있을 것이다.

솔선수범의 리더십

김제동 씨가 방송에 나와서 이런 이야기를 한 적 있다.

"내 안경을 벗기는 스타일을 보면 각 MC들의 리더십이 저마다 다르다. 강호동은 내가 안경을 안 벗으면 안 될 것 같은 상황과 분위기를 만든다. 이경규는 지위와 나이를 이용해 '벗어!'하면 벗어야 한다. 신동엽은 사전 작업이 많은 편이다. 그리고 유재석은 자기가 먼저 벗기 때문에 나도 벗어야 한다."[30]

이 발언을 잘 살펴보면 각 MC들의 리더십 성향을 살펴볼 수 있다. 강호동은 '강심장'이나 '무릎팍 도사'에서 보여준 것처럼 강압적인 분위기를 만들어낸다. 안경을 벗지 않으면 안 될 것 같은 분위기를 만들어 상대가 어쩔 수 없이 벗게끔 만드는 스타일이다. 그가 지닌 강한 힘과 카리스마를 통해 상대를 압박하는 방식이다. 이경규는 이미 개그맨이자 연예인으로서의 권력이 있기 때문에, 그냥 벗으라고 말하는 것으로 충

---

30) MBC 스페셜 '안철수와 박경철 2'

분하다. 이런 권력형 리더는 독단적으로 비치기 쉽지만, 그 자신이 대단한 성공을 이룬 경우에는 상당히 효율적인 방식이기도 하다. 과거 현대 정주영 씨의 "해봤어?"리더십과 비슷하다고 볼 수 있다. 신동엽은 재치의 이미지가 강하다. 리더십을 발휘하기보다는, 그 상황 자체를 재밌게 만들어나간다. 그러다 보면 상대가 자연스레 벗을 수밖에 없고, 그 상황 자체를 또 콩트 식으로 잘 풀어나가는 것이다. 어떻게 보면 허허실실형의 리더라고 볼 수 있지만, 개인적으로는 천재형 리더라고 본다.

유재석은 스스로 벗는다. 자기가 먼저 나서서 웃음을 만들어내는 것이다. 그러면 김제동도 벗을 수밖에 없다. 남을 시키는 것보다 우선 자기가 해버리는 것이 유재석의 방식이다. '웃음'을 위해서 자신이 망가지는 것을 전혀 두려워하지 않고, 오히려 감수하면서 솔선수범하여 안경을 벗는다. 국민 MC인 유재석이 자신을 망가트리면서 웃음을 주기 때문에, 같이 일하는 동료들이 가만히 있을 수가 없다. 더 센 것, 더 강한 것을 해서라도 웃음을 만들어내려고 애를 쓸 수밖에 없다. 국민 MC가 솔선수범하는데 같은 출연진이 몸을 사렸다간 존재감을 잃을 수 있고, 때로는 비난의 대상이 될 수도 있다. 방송에 나와 웃겨야 하고, 시청자들에게 사랑받아야 하는 상황이기 때문에, 유재석이 기준을 잡는 순간 그 이상으로 웃겨야 한다는 압박과 동기가 동시에 나타날 수밖에 없다. 결국 유재석이 안경을 벗고 웃음을 이끌어내는 순간 김제동은 안경을 벗어야 하는 동기를 부여받게 된다. 이처럼 유재석은 자신의 솔선수범을 통해 남에게 동기를 부여하고 스스로 따라오게끔 한다. 나는 이것을 솔선수범의 리더십이라고 부른다.

솔선수범의 리더십을 다시 정의하면, 리더가 팔로워에게 지시하고 명령하기보다는 자기 스스로 행동하고, 이를 통해 팔로워가 강압에 의해서가 아니라 자의에 의해서 행동할 수 있도록 동기부여를 하는 것이다. 유재석은 이런 솔선수범의 리더십을 보여주는 대표적인 인물이다.

유재석이 솔선수범의 리더십을 사용해온 사례는 대단히 많다. 당장 '무한도전'을 보면 가장 먼저, 가장 열심히 리액션하는 유재석을 볼 수 있다. 2014년 1월 말에 방송된 '무한도전'의 '다함께 던져 윷'편을 보면, 가장 열심히 춤추고 있는 유재석의 모습을 볼 수 있다. 덕분에 나머지 출연진은 힘들고 지쳐도 유재석을 따라 춤출 수밖에 없다. '자유로 가요제'때도 마찬가지였다. 유재석이 선미의 '24시간이 모자라'를 출 때, 그는 리더도 아니었고 국민 MC도 아니었다. 그저 가장 열심히 예능 안에서 웃음을 주고 분위기를 띄우고자 노력한 사람이었다. 유재석이 그렇게 해버리는 순간, 다른 멤버들도 뭐든 해야겠다는 압박감에 빠지게 된다. 그 압박감이 팀 전체의 성과를 높여주는 것은 말할 것도 없다. 유재석과 '런닝맨'을 함께 만들고 있는 조효진 PD도 유재석의 솔선수범에 대해 이렇게 말했다.

"유재석이 본보기를 보이니까 다른 MC들도 본인의 역할에 대해 학습이 되어가고 있는 것이다."

'런닝맨'은 '패밀리가 떴다'의 종영 이후 유재석이 SBS로 복귀한 작품이었다. 시작하기도 전에 많은 사람의 기대를 한 몸에 받은 작품이었다. 그러나 소문난 잔치에 먹을 것이 없다는 평가와 함께 '런닝맨'에 대한 기대는 사라지고, 유재석이 한계에 봉착했다거나 유재석도 결국 안 된다는 평가가 나오기 시작했다. 프로그램 자체가 유재석에게 지나치게 기대고 있는 것이 문제라는 이야기도 나왔다. 이후에는 제작상의 실수로 인해 자막이 잘못 들어가거나 제작진에 대한 안 좋은 소문이 나기 시작하는 등, 프로그램은 자리를 잡지 못했다. 유재석의 인기에 오히려 독이 될 것을 우려한 유재석 팬은 유재석이 '런닝맨'에서 빠져야 한다며, 제발 하루빨리 프로그램이 폐지되거나 하차했으면 좋겠다는 의견을 피력하기도 했다. 하지만 이런 반응에도 유재석은 꿋꿋이 자기의 역할을 다했다. 더 열심히 뛰었고, 더 열심히 프로그램에 몰입했다. 결국 조효진 PD의 말처럼, 유재석이 먼저 솔선수범을 보이자 동료 출연자들은 더 열심히 할 수밖에 없었다. 동료 출연자들의 역량이 향상되기 시작하고, 캐릭터들이 자리를 잡기 시작했다. 그렇게 해서 '런닝맨'은 큰 사랑을 받게 됐다. 2011년 '런닝맨'으로 SBS 연예대상을 탄 유재석은 수상 소감에서 2011년 초만 해도 프로그램이 어떻게 될지 모르는 상황이었다고 말했다. 그 당시 유재석은 리더로서 "시청률 신경 쓰지 말고 묵묵히 가자고 말을 했지만, 실제로는 한 주 한 주 조마조마했었다."고 밝혔다. 그런 상황에서 유재석은 자신이 말한 대로 묵묵히 자기의 역할을 했다. 그리고 이 솔선수범이 동료 연예인들과 제작진 모두가 자신의 역할에 최선을 다하도록 동기를 부여했고, 마침내 '런닝맨'을 2011년 가장 뜨거운 예능 프로그램으로 만들어냈다.

'런닝맨'은 2011년 연예대상에서 유재석의 대상을 포함하여 무려 6개의 상을 독식했다. 유재석의 이런 솔선수범은 3년이 지난 지금도 계속 이어지고 있다. '런닝맨'에 이국주가 게스트로 나왔을 때, 댄스 타임 분위기가 만들어지자 유재석이 방방 뛰기 시작했다. 그때 다른 멤버들은 게임을 하자며 반응하지 않았다. 하지만 유재석은 계속해서 분위기를 만들며 이국주가 춤출 수 있도록 했다. 심지어 방송 작가까지 끌어들이며 모두를 춤추도록 이끌었다. 덕분에 개리와 이국주의 농밀한 커플 댄스가 화면에 잡힐 수 있었고, 이 장면은 클립으로 만들어져 페이스북 같은 SNS를 통해 전파되어 몇 십만의 조회 수를 기록했다. 그 당시 유재석이 뛰어나가지 않았다면, 그리고 다른 멤버들의 무반응에도 불구하고 계속 방방 뛰어 마침내 다들 춤추도록 만들지 않았다면, 이 장면은 애초에 존재하지 못했을 것이다.

'무한도전'에서도 유재석의 솔선수범 리더십은 빛을 발한다. 체력적으로 가장 힘든 도전이었던 '조정'편을 보면, 유재석이 체력이 부족한 다른 출연자들을 대신하여 조정의 제일 앞자리에 앉는 모습을 볼 수 있다. 유재석 정도 되는 인기와 경력이라면 그런 힘든 임무를 홀로 떠안지 않아도 되고, 몸을 사려도 될 것이다. 혹은 불평할 수도 있을 것이다. 그러나 그는 그냥 자신이 해야 할 임무를 받아들였다. 가장 체력이 좋기도 했고, 가장 책임감도 뛰어났으며, 자신이 그 자리에 가장 잘 어울린다는 것을 이미 알았을 것이다. 그래서인지 유재석은 '조정'편에서 멘트를 최대한 줄이고 자신의 역할을 충실히 행하는 데 전력했다. 실제 경기에 들어가자 그는 체력적으로 부담이 가장 큰 역할을 맡고 있으면서도, 지친 동료들을 위해서 가장 크게 소리 지르며 힘을 불어넣어주고 동료들을 독려했다. 유재석의 얼굴은 일그러졌지만, 그는 노 젓기를 멈추지 않고 계속 소리 질렀다. 그리고 배가 결승선에 도착했을 때, 정형돈은 절규하며 "Easy oar!"를 외쳤다. 그리고 "내가 봤어! 우리 진짜 잘 탔어!"라고 울먹이며 소리쳤다. 이 장면은 '무한도전'"조정'편의 최고의 명장면으로서 큰 화제가 되었다. 이런 정형돈의 절규는 콕스의 위치상 이를 악문 모든 멤버의 얼굴을 볼 수 있었기 때문이었을 것이다. 하지만 조정의 구조를 생각하면, 정형돈이 가장 많이 본 모습은 바로 정형돈과 마주 앉아 있던 유재석일 것이다. 유재석이 혼신의 힘을 담아 노를 젓는 모습을 봤을 것이고, 결승선에 도착하자마자 말도 잇지 못하고 쓰러져버린 모습도 봤을 것이다. 정형돈은 그 모습에 더욱 복받쳐올랐을 것이다. 리더의 솔선수범이 얼마나 큰 힘을 지니고 있는지를 보여준 장면이었다.

더 대단한 건, 제대로 고개를 들지도 못하면서 정형돈에게 "형돈아, 장하다, 잘했어."라고 말하며 손을 내민 유재석의 모습이었다. 자신이 죽을 것같이 힘들어도 앞에 있는 동료를 챙기는 모습, 자신이 누구보다 더 솔선수범했으면서도 자신을 따라 열심히 해준 동료를 칭찬하는 모습에서 그의 솔선수범 리더십은 단순히 자기만 열심히 하는 수준이 아님이 드러난다. 그는 자신이 할 수 있는 최고의 모습을 보여주면서 동료들이 최선을 다할 수 있도록 동기를 유발하고, 애써준 동료들을 적극적으로 칭찬했다.

우리에게는 리더란 가만히 앉아서 편하게 명령만 내리는 사람이라는 편견이 있다. 리더를 하는 일 없이 돈만 가져가는 인물로 여기거나, 나와 적이 되는 인물이라고 생각하는 일도 많다. 실제 사회생활을 하다 보면 상사가 내 원수나 다름없다고 여기는 사람들이 부지기수다. 드라마 '미생'의 성 대리를 보고 분노하는 사람은 수없이 많을 것이다. 문제는 이런 편견을 지니고 살다 보니, 내가 리더가 되면 밑에 있는 사람을 내 맘대로 부려도 된다는 인식이 은연중에 우리 안에 스며들어 있다는 것이다. 이 같은 인식은 군대 때문에 더욱 깊게 우리 안에 박혀 있다. 군대를 경험한 사람은 계급에 따른 상명하복의 의사결정 구조가 지닌 편안함과 효율성을 익히 알고 있다. 특히 이 의사결정 구조 안에서 모두가 계급의 윗자리에 위치해보기 때문에, 자기 마음대로 휘하의 병사를 부리며 느낀 권력의 편리함과 재미와 힘과 맛을 잊기 힘들 것이다. 이 때문에 이들은 사회에 나와서도 그런 상명하복의 시스템을 계속 적용하고 싶어 한다. 자신이 하복의 입장에 있을 때도, 그것이 부당하다고 여겨도 말이다. 언젠가 자신이 계급의 위에 있을 것이라는 꿈과 함께.

그런데 『Good to Great』에서는 성공하는 리더는 지시하고 명령하는 리더가 아니라, 강한 의지와 겸손함을 가진 리더라고 말한다. '겸손함'이란 스스로 앞장서서 노력하고 궂은일을 맡아서 하는 솔선수범함과 일맥상통한다. 즉 성공하는 리더는 '지시형'리더가 아니라, '솔선수범 형'리더라고 이 책은 말하고 있는 것이다. 시청자들이 유재석의 리더십을 좋아하고 선호하는 이유가 바로 여기에 있다. 대중은 솔선수범의 리더십을 바란다. 강호동이나 이경규의 리더십은 상명하복 식의 지시형, 권력형 리더십의 성향이 강하다. 그런데 대중이 좋아하는 리더, 선호하는 리더, 바라는 리더를 묻는 설문조사에서 강호동이나 이경규보다는 항상 유재석이 더 높은 자리에 위치하고 있다. 이를 보면 대중이 '지시형'리더십보다는 '솔선수범형'리더십을 더 선호한다는 것을 알 수 있다.

　이런 유재석의 리더십은 한때 대단히 큰 반향을 일으켰던 '서번트 리더십'과 매우 흡사한 모습을 보여주고 있다. 서번트 리더십을 간단하게 설명하면, 결국 리더는 servant(하인)가 되어야 한다는 이야기다. 우리에게는 위에 군림하는 리더가 아니라 아래에서 밀어올려주는 리더가 필요하다. 서번트 리더십에서는 권력을 '원하지 않는 사람에 대해서도 자신의 지위 또는 세력을 이용하여 자신의 의지대로 행동하도록 강제 또는 지배하는 능력'이라고 정의한다. 간단하게 줄이면, 상대가 원하지 않는데도 리더의 지위나 세력을 이용해 무언가를 하게 만드는 힘이라고 볼 수 있다. 서번트 리더십에서는 '권위'에 대해서도 정의 내린 바 있다. 권위란 '자신의 영향력을 통해 다른 사람들을 기꺼이 자신의 의도대로 행동하도록 유도하는 기술'이라고 했다. 역시 간단하게 줄이면 '리더의 영향력을 통해서 상대방이 알아서 리더의 뜻대로 하게 하는 기술이라고 해석할 수 있다. 즉 권력은 리더가 시켜서 억지로 하게 만드는 것이라면, 권위는 리더가 동기를 부여하여 스스로 하게끔 만드는 능력이다.

권력	권위
리더가 강제하여 하게 하는 힘	리더가 동기 부여하여 스스로 하게 하는 힘

유재석이 사용하는 솔선수범은 다른 말로 하면 '권위'다. 유재석은 남에게 이거 해라 저거 해라 강제로 시키지 않는다. 그저 최선을 다하고 그것을 통해 동료들 또한 최선을 다하게끔 만들 뿐이다. 아무리 힘들어도 카메라가 돌아가는 이상 어떻게든 웃음을 만들어내려는 모습을 유재석이 보여주면, 동료들도 같이 웃음을 만들어내기 위해서 지친 몸을 일으켜 세우게 된다.

"야 너 일어나서 좀 웃겨봐!"

유재석은 이런 방식의 리더십을 전혀 사용하지 않는다. 단지 그는 먼저 안경을 벗고, 먼저 어려운 것을 하고, 먼저 몸을 흔들 뿐이다. 유재석의 솔선수범(권위)은 유재석이 최고의 MC로 거듭나면서 더욱 큰 권위를 만들어냈다. 그는 최고가 됐다. 최고의 위치에 오른 사람이 솔선수범하는 모습을 보이면, 아직 최고가 아닌 이들은 더욱 열심히 해야 한다는 동기를 부여받을 수밖에 없다.

　새롭게 예능에 데뷔한 신인이 있다. 이 신인이 아주 열심히 하는 것은 장하고 칭찬받을 일이다. 동료들은 열심히 하는 신인을 보고 박수쳐줄 것이다. 하지만 그 모습을 보고 동기를 부여받기는 쉽지 않다. 신인이 열심히 하는 것은 당연하며, 사람들은 당연한 모습에 크게 감화되지 않는 경향이 있다. 어쩌면 자기도 신인 때는 그렇게 열심히 했다며 거들먹거릴지도 모른다.

　이에 반해 리더의 솔선수범은 주변에 확실한 영향력을 행사한다. 자신보다 위에 있다고 여겨지는 이가 열심히 하는 모습을 보이는데 자신은 멀뚱멀뚱 지켜보고만 있다면, 방송 화면에 거의 잡히지 않을 것이다. 카메라는 최고의 자리에 있는 리더의 모습을 찍는 데 주력할 것이고, PD는 이 모습을 방송하는 데 주저함이 없을 것이다. 가만히 있던 연예인은 화면에 나올 기회를 잃는 것을 넘어, 다른 방송에 섭외될 가능성도 상당히 줄어들 것이다. 이는 자신의 생계와도 직접적으로 관련된다. 그러니 최고가 뛰면, 자신은 더 뛰어야 한다. 그렇게 눈에 띄어야 방송에 나올 수 있고, 인정받을 수 있고, 대중에게 사랑받을 기회를 얻을 수 있다. 노력은 당연해진다.

　유재석은 자타가 공인하는 일인자다. 대한민국에 몇 명 없는 '국민' 타이틀을 당당하게 차지하고 있다. 또 같이 일하는 사람들 모두가 존경하고 본받고 싶어 하는 존재다. 그러니 그 누구도 유재석을 자기보다 밑에 있다고 판단할 수 없을 것이다. 그런데 그런 유재석이 자기보다 열심히 하는 모습을 보여주면 어떨까? 만약 여기서 자극받지 못한다면 프로로서 자격이 없다. 프로는 끊임없이 자신이 최고가 되기 위해 노력하는 사람이어야 하기 때문이다. 일인자가 된 유재석의 솔선수범이 모두를 자극하는 동기부여가 될 수밖에 없는 이유다.

1997년, 망해가던 회사가 있었다. '한국전기초자'라는 회사였다. 이 회사는 당시 아주 심각한 노사 문제로 인해서 77일간 파업이 진행되고 있는 중이었다. 그리고 그 기간 동안 무려 900억의 손실을 보는 상황이었다. 경영 컨설턴트 회사는 한국전기초자에 대한 컨설팅에서 '회생 불능'이라는 결론을 내렸다. 이 회사는 누가 뭐래도 곧 망할 상황에 봉착해 있었다. 그런데 이 회사에 새로운 사장이 부임하게 된다. 바로 '서두칠'이다. 최악의 상황에서 부임한 서두칠 사장은 간부회의 시간을 새벽 6시로 정한다. 이에 따라 서두칠 사장을 비롯한 간부들은 새벽 6시까지 회사에 나와야만 했다. 이 모습을 본 노조의 전임자들 또한 자연스레 새벽 6시에 출근하게 됐다.[31]

위와 같은 상황에서 보듯이 '권위'라는 것은 '개인의 영향력'이 이미 존재할 때 발휘되는 것이 일반적이다. '개인의 영향력'이 없는 상황이라면 권위를 통한 동기 부여는 쉽지 않다. 그래서 '벼는 익을수록 고개를 숙인다'는 명언이 이렇게 오랫동안 언급되고 있는지도 모른다. 우리는 우리의 영향력이 커지고 성공할수록 더 많은 것을 누리려 한다. 하

---

31) 『우리는 기적이라 말하지 않는다』(서두칠, 김영사, 2001년)

지만 사실은 누리기보다 고개 숙이는 것이 우리의 영향력을 가장 극적으로 사용할 수 있는 방법이라는 것을 알 필요가 있다. 유재석처럼 말이다. 앞서 보았던 김제동의 발언을 다시 상기시켜보자.

"유재석은 자기가 먼저 벗기 때문에 나도 벗어야 한다."

유재석은 재미를 이끌어내기 위해 김제동의 안경을 벗겨야 한다는 것을 알고 있었을 것이다. 이것이 '목표'가 된다. 이 목표를 이루기 위해서 누군가는 명령하고, 누군가는 압박한다. 유재석은 자신이 안경을 벗는다. 솔선수범의 리더십을 사용하는 것이다. 김제동은 안경을 벗고 목표는 이루어진다. 김제동의 안경을 벗기는 방법은 다양하다. 솔선수범의 리더십을 통한 방법만이 가장 효율적이고 가장 훌륭하다고 말할 수도 없다. 때로는 강호동처럼 안경을 벗을 수밖에 없는 환경이나 분위기를 조성하는 방법이 훨씬 효과적일 수 있다. 단지 대중들이 솔선수범의 리더십을 더 선호할 뿐이다.

솔선수범의 리더십이 사랑받는 이유를 살펴보기 위해서 옛날 얘기를 좀 해보려 한다. 퇴계 이황 선생님께서는 17살에 즉위한 선조 임금에게 바른 군주의 몸가짐을 충고하는 무진육조소를 올리게 된다. 선조는 이 소를 천고의 격언으로 여기고 한순간도 잊지 않을 것을 맹약했다고 한다. 임금에게 보내졌던 최고 석학의 리더십에 대한 이야기를 살펴보면, 한국에서 솔선수범의 리더십이 갖는 의미도 알 수 있을 것이다.

퇴계 선생님의 무진육조소를 보면, 인간의 백행지본百行之本인 효孝와 모든 선善의 으뜸 인仁의 실천을 왕가로부터 이루게 함으로써, 수신제가치국의 근본을 역설하고 있다. '군왕이 지고한 위치에서 그러한 도덕 행위로 솔선수범하여 만민의 귀감이 될 때 비로소 덕치 구현이 자연스럽게 이루어진다는 논리가 전제되어 있다.[32]

이를 풀어서 이야기해보면, 수직적인 사회 구조 하에서 리더는 권력을 사용하여 명령하기보다는 '권위', 즉 '솔선수범'을 통해서 모범을 보이고 귀감이 되는 것을 통해 팔로워를 자신이 원하는 방향으로 이끌 수 있다는 것이다. 다시 말해, 리더라면 스스로를 갈고 닦아야 하고, 도덕적이어야 하며, 만민의 귀감이 되어야 한다는 너무 뻔하디뻔한, 이미 우리가 모두 알고 있는 내용이 담겨 있다. 아마 올바른 가정교육을 받은 사람이라면 모두 어렸을 때부터 이런 내용을 배웠을 것이다. 우리에게 너무나 친숙한 내용이고, 옳다고 느낄 수밖에 없는 이야기다. 아주 오래전부터 이미 효과가 입증된 방식이기도 하다. 우리는 심지어 왕에게까지 이런 리더십이 효율적임을 알려왔다.

이 같은 내용을 보면 유재석의 솔선수범 리더십을 사람들이 선호하는 것은 꽤 당연한 일이다. 우리는 오래전부터 솔선수범의 리더십이 효율적이며 바람직하다는 것을 알고 있었기 때문이다. 게다가 유재석의 자기관리에서 살펴본 것처럼, 그는 스스로를 관리함으로써 자신을 더

---

32) 박길용. 2008. 退溪 國家經營哲學의 再照明- 戊辰六條疏를 중심으로

욱 높이고 있다. 그러니 그의 리더십이 지닌 힘은 상상을 초월할 정도로 강하고, 계속 강해질 것이다.

우리는 자신의 위치에서 솔선수범하고 있을까? 동시에 우리의 솔선수범이 남에게 영향을 미칠 만큼 스스로를 발전시키고 있을까? 만약 그렇지 않다면 유재석이 이를 통해 만들어낸 결과물들을 보면서 스스로를 다잡을 필요가 있다.

나는 어떤 리더인가?
나는 어떤 리더가 되어야 하는가?
나는 솔선수범하고 있는가?

이러한 질문들에 대해서 자신 있게 그렇다고 말할 수 있는 사람은 많지 않다. 하지만 적어도 최선을 다하고 있다는 이야기는 나와야 할 것 같다. 유재석은 최선을 넘어 '혼신'을 다해야 한다고 말했다. 혼신이 솔선수범과 만나면 그 힘이 배가 될 것이고, 남들이 자연스럽게 따르는 리더십을 얻을 수 있을 것이다.

카리스마 리더십

유재석이 진행하는 프로그램 중에서 가장 유명하면서 가장 대표적인 것이 바로 '무한도전'이다. 제목에서 알 수 있듯이, 다양한 미션에 도전하고, 그 모습을 통해 재미와 감동을 안겨주는 프로그램이다. 대한민국에서 인기가 많았던 여러 예능 프로그램의 원류이기도 하다. 그만큼 '무한도전'은 대한민국에서 가장 중요하고 가장 의미가 깊은 예능 프로그램이다.

이 프로그램의 특성상 출연진들은 다양한 도전을 해야 한다. 도전할 때는 자연스레 리더의 역할이 중요해진다. 도전이라는 것은 결국 어떤 목표를 향해 나아가는 것이고, 그렇게 하기 위해서는 리더가 반드시 필요하기 때문이다. 그래서 '무한도전'의 많은 에피소드 속에서 유재석의 리더십이 발휘된다. 이후에는 어김없이 유재석 리더십에 대한 기사가 쏟아진다. 아마 단일 연예인으로서 리더십에 관한 가장 많은 기사를 만들어낸 이가 바로 유재석일 것이다.

'무한도전'의 수많은 에피소드 중에서 '동계 올림픽 특집'은 유재석의 새로운 리더십이 나타나서 많은 이들을 놀라게 한 에피소드다. 바로 유재석의 카리스마 리더십이다. 솔선수범과 카리스마 리더십은 얼핏 보면 반대되는 성격을 지닌 것 같지만, 유재석은 이 두 가지를 절묘하게 결합해 보여주었다.

동계 올림픽 특집에서 출연진들에게 마지막 도전 과제가 주어졌다. 가파른 스키 슬로프를 맨몸으로 올라가는 것이었다. 다리를 다쳐서 등반이 불가능했던 정형돈을 제외한 다른 멤버들은 도전 과제를 완수하기 위해서 스키 슬로프를 기어올라가기 시작했다. 어려울 것처럼 여겨졌던 미션은 생각보다 어렵지 않았고, 출연진은 하나 둘씩 정상에 도착했다. 그러나 길만은 정상에 도착하지 못하고 번번이 미끄러졌다. 그것도 정상 바로 밑에 있던 가파른 지점에서 말이다. 길은 계속 미끄러졌지만 미션을 성공하기 위해서 수차례 슬로프를 다시 올랐다. 하지만 정상에 도달할 수 없었다. 계속 미끄러질 뿐이었다. 과연 이 미션이 그렇게 어려운 것이었는지에 대해서는 판단하기 힘들다. 누군가에게는 쉬운 일이 나에게는 어려운 일일 수 있기 때문이다. 한 가지 확실한 것은 이 미션이 길에게는 너무 어려운 것이었다는 사실이다. 그는 계속해서 슬로프를 올랐지만, 결국 한계에 도달했다. 한 걸음 더 올라가려 했다가는 미끄러질 것 같고, 한 번 더 미끄러지면 다시 도전할 수 없을 것 같은 상황이었다. 그는 이러지도 못하고 저러지도 못하는 상태로 그 자리에 가만히 멈춰서 버티고 있을 수밖에 없었다.

그 모습을 보고 있던 동료들은 당연히 길이 올라올 수 있도록 응원했지만, 그것으로는 해결되지 않는 상황이었다. 유재석은 길을 위로 올

유 재 석 배 우 기

리기 위해서 과감하게 밑으로 내려갔다. 그리고는 가장 밑에서부터 다시 한 번 슬로프를 오르기 시작했다. 길의 바로 밑까지 올라간 유재석은 길에게 자신을 밟고 올라가라고 이야기한다. 누가 봐도 알 수 있는 '솔선수범의 리더십'이다. 그는 상황을 해결하기 위해 스스로 몸을 내던졌고, 다시 오르는 수고를 감수했다. 그리고 뒤처진 동료를 위해 자신을 기꺼이 내주고 자신을 밟고 올라가게 했다. 리더로서 보여줄 수 있는 최고의 솔선수범을 행한 것이다. 하지만 안타깝게도 이 상황에서 유재석의 솔선수범 리더십은 큰 효과를 보지 못한다. 길은 자신을 밟고 올라가라는 유재석의 희생을 받아들일 수 없었다. 어째서 길이 유재석의 말대로 하지 못했는지를 이해하기는 쉽다. 길의 처지에서 보면 유재석을 밟고 위로 올라간다는 것은 매우 위험한 일이었기 때문이다.

만약 유재석을 밟았는데도 정상에 올라가지 못한다면, 길은 수많은 시청자에게 욕을 먹을 것이 분명했다. 리더의 솔선수범이 성공하지 못한다면, 길은 임무를 실패한 책임과 함께 리더의 희생까지 헛된 것으로 만든 책임도 함께 져야 했다. 더군다나 '동계 올림픽 특집'은 '평창 동계 올림픽 유치'를 기원하는 의미로 제작된 것이었다. 이미 대한민국은 평창 동계 올림픽 유치에 실패한 경험이 있었기 때문에, 유치에 대한 염원은 더욱 간절했다. 한마디로 전 국민적인 관심과 염원이 있었다는 것이다. 그런 상황에서 길 때문에 미션이 실패한다면, 길에 대한 비난은 상상을 초월했을 것이다. 길은 당연히 이러한 상황에 대해서 알고 있었을 것이다. 그러므로 그는 여러 번 미끄러졌음에도 불구하고, 체력이 다할 때까지 포기하지 않고 계속 슬로프를 올랐다. 이런 상황에서 유재석을 밟고도 정상에 오르지 못한다면 길에게 쏟아질 비난은 상상을 초월했을 것이다. 그가 섣불리 유재석을 밟고 올라갈 수 없었던 것은 당연했다. 그는 체력적으로도 힘들었겠지만, 정신적으로도 아주 큰 고통을 겪고 있었을 것이다. 그 부담감은 쉽게 이겨낼 수 있는 수준의 것이 아니다. 그렇게 길이 주저하며 머뭇거리자, 밑에 있던 유재석이 길에게 외쳤다.

"안 떨어지니까 빨리 잡아. 너 왜 이렇게 사람을 못 믿어? 빨리 가!"

유재석의 다그침에 길은 결국 유재석을 밟고 위로 올라갔다. 그리고 정상에 도착했다. 유재석 또한 무사히 정상에 도착했다. 그렇게 그들은 마지막 도전 과제를 성공시켰다. 많은 시청자는 이 모습을 보면서 감동받기도 했지만, 동시에 상당히 놀라기도 했다. 유재석이 큰소리를 냈기 때문이다. 여태껏 유재석이 큰소리 치는 것을 본 적이 없는 시청자들로서는 이런 유재석의 모습이 낯설기도 하고 새롭기도 했을 것이다. 김태호 PD는 유재석의 이런 새로운 모습에 대해서 이렇게 말했다.

"유재석이 (촬영 중에) 버럭하는 모습을 처음 봤다. 당시 길은 위태로운 상황이었다. 한 번 더 언덕에서 굴러떨어지면 다시 시도하기도 어려워 보였다. 유재석의 버럭은 적절했다."

김태호 PD의 발언에서 보듯이, 유재석은 일반적으로 화를 내거나 강압적인 모습을 보여주는 일이 거의 없다. '무한도전'을 통해 수많은 어려운 도전을 해나가면서도, 화를 내거나 버럭하는 모습이 방송에 나온 적이 없다. 버럭은 확실히 유재석 스타일은 아니다. 위에서 본 것처럼 그는 자신을 희생하고 궂은일을 도맡아 하는 솔선수범의 리더다. 그런 유재석이 강력한 리더십을 보여줬고, 사람들은 이를 유재석의 카리스마라고 부르며, 유재석의 카리스마 리더십에 찬사를 보냈다.

카리스마는 '대중을 심복시켜 따르게 하는 능력이나 자질'[33]을 의미한다. 사회학자인 베버는 합리적 지배, 전통적 지배, 카리스마적 지배로 이루어진 지배의 3유형 중의 하나로 카리스마적 지배를 말한 바 있다. 카리스마는 사실 개인적인 특성과 밀접한 관계를 지니고 있다. 카리스마는 한 개인에게서 나오는 것이기 때문이다. 또한 카리스마 리더십은 주로 '직무 만족, 조직 몰입'등에 긍정적인 영향을 끼치는 것으로 알려졌다. 바꿔 말하면, 카리스마적 리더십이 조직의 심리적 문제에 긍정적인 영향을 주고 있다고 볼 수 있다.[34]

'무한도전'의 사례를 다시 한 번 살펴보면, 이 당시 길은 정신적으로 매우 심약해진 상태였다. 물론 예능 프로그램에서 진행하는 도전 과제 하나가 정신적으로 얼마나 큰 부담을 주겠냐고 반문하는 사람도 있을 수 있다. 그러나 방송이 담고 있던 의미와 그 방송이 전 국민에게 사랑받고 이슈를 만들어내는 '무한도전'이라는 것을 생각하면, 정신적인 부

---

33) 국립국어원, 『표준국어대사전』

34) 윤천성. 2007. "카리스마적 리더십이 성과에 미치는 영향에 관한 연구: 뷰티 산업을 중심으로", 국민대학교. 분야의 차이로 인해 직접적인 적용은 불가능하겠지만, 비슷한 영향을 끼칠 것이라는 가정을 가지고 인용했다.

담은 상상을 초월했을 것이다. 더불어 '무한도전'에서는 성공 여부보다 과연 진지하게 도전에 임했는지가 더 중요하다. 이미 길을 제외한 모든 출연진이 도전에 성공했고, 덕분에 도전 과제가 그렇게 어려운 것으로 보이지 않는 상황이었다. 그런 상황에서 길이 실패한다면, 대중은 길이 열심히 하지 않았다고 오해할 소지가 다분했다. 당시의 길은 '무한도전'에서 열심히 하지 않는다는 비난을 받는 중이었다. 그가 실제로 그랬는지 아닌지는 알 방법이 없지만, 화면에 보이는 것으로 판단하는 시청자 입장에서 그는 열심히 하지 않는 출연자로 인식되어 비난의 대상이 되고 있었다. 따라서 성공 못 하면, 그것은 모두 길의 탓이라는 여론이 형성될 것은 자명했다.

동계 올림픽에 대한 국민적 염원도 생각해야 했다. 평창의 올림픽 유치가 얼마 안 남은 상황에서 도전에 실패한다면, 국민적 염원에 물을 뿌리는 격이 될 수 있었다. 그러다 실제로 유치에 실패라도 하게 되면, 그때는 길이 감당해야 할 비난이 엄청나게 커졌을 것이다. 실제 평창 올림픽 유치와 '무한도전'은 하등의 관계가 없지만, 사람들은 항상 비난의 대상이 필요하며, 비난의 대상을 찾는 데 적극적이다. 길은 매우 적절한 대상이 될 가능성이 높았다. 유재석의 희생도 길의 부담에 한몫했을 것이다. 무려 일인자인 유재석이 희생했는데, 그 희생을 날려버린다? 시청자들은 그에 대해 길에게 책임을 물을 것이 뻔했다. 이 같은 상황을 고려하면, 길에게는 실패에 대한 부담이 엄청났을 것이다. 이런 상황에서 몸이 마음대로 움직이지 않고 있으니 그가 받았을 스트레스,

유 재 석   배 우 기

정신적인 중압감은 우리의 상상을 초월하는 것이었다고 보인다. 단순히 예능 프로그램에서 미션 하나 실패하는 것과는 차원이 다른 수준이었다. 이런 상황에서 유재석은 카리스마 리더십을 발휘했다. 그의 일갈은 심리적으로 나약해진 길을 다그치는 효과를 냈다. 카리스마 리더십의 심리적 영향력을 발휘한 것이다.

유재석의 카리스마 리더십이 효과적이었던 또 하나의 이유는, 유재석이 개인의 위험과 희생을 감수했기 때문이다. 바로 이것이 카리스마 리더십의 가장 큰 특징이다.[35] 예를 들어, 이미 정상에 도착한 유재석이 다시 바닥으로 내려가지 않은 상태로 길을 다그쳤다면, 길은 그냥 포기했을 가능성이 높다. 이미 심적으로 불안한 상황이었고, 한걸음 잘못 떼면 바로 밑으로 미끄러질 상황이라는 것 또한 길은 알고 있었을 것이다. 그가 답답하게 그 자리에 머물러 있었던 것은, 어쩔 수 없었기 때문이었다. 길은 섣불리 발을 움직일 수도 없었고, 그렇다고 쉽게 포기할 수도 없었다. 그러니 그냥 버티고 있을 수밖에 없었다. 이 상황 속에서 길에게는 단 두 가지의 선택권만이 남겨져 있었다. 한 가지는 일단 '버티는 것'이다. 그리고 또 한 가지는 '포기하는 것'이다. 길은 '버티는 것'을 선택했다. 이때 유재석이 빨리 올라오라고 길을 압박했다면, 길에게 남은 선택권은 '포기'밖에 없다. 올라갈 수 없기 때문이다. 그 당시 길에게 올라오라고 외치는 것은 포기하라고 외치는 것과 같았

---

35) 김대희. 2009. "카리스마 리더의 행동 결과에 관한 실증적 연구", 대구대 대학원

다. 유재석은 올라오라고 다그치는 대신에 자신이 내려가는 희생을 감수한다. 그리고 길의 밑으로 가서 자신을 밟고 올라갈 수 있도록 자신을 내어준다. 이렇게 함으로써 길이 지니고 있던 선택권에는 변화가 발생한다. '버티는 것', '포기하는 것', '유재석을 밟고 올라가보는 것', 세 가지 선택권이 생겼다.

이렇게 유재석이 새로운 선택권을 만들어내자, 길의 판단에 변화가 생기기 시작했다. 길에게 있어 그냥 버티고 있는 선택권은 사용할 수 없는 카드가 됐다. 버티기는 곧 리더의 희생을 무시하는 것이다. 만약 일인자의 희생을 무시한다면, 대중에게 욕을 먹든지, 동료들 사이에서 비난을 받을 것이 분명했다. 길은 버티기를 선택할 수 없었다. 포기하는 것 또한 마찬가지다. 일인자의 고귀한 희생을 쓸모없는 것으로 만드는 것은 쉽게 할 수 없는 선택이었다. 결국 길이 선택할 수 있는 유일한 방안은 '유재석을 밟고 올라가는 것'뿐이었다. 이는 일인자의 희생을 헛되이 하지도 않으면서, 어쩌면 도전에 성공할 수 있는 약간의 가능성을 얻는 방안이었다. 단지 유재석을 밟고도 실패했을 때의 걱정이 그를 주저하게 했을 것이다. 이 주저함을 없앤 것이 바로 유재석의 일갈이었다. 유재석은 자신을 믿으라고 외쳤다. 그 카리스마는 길이 자신에게 남은 마지막 카드를 선택하도록 강요했다. 결국 길은 유재석을 밟고 도전에 성공했다. 유재석의 카리스마 리더십이 솔선수범 리더십과 함께 어우러져 효과를 발휘한 경우다.

유재석은 카리스마 리더십을 자주 사용하는 리더는 아니다. 그런데 바로 그 때문에 유재석이 더욱 강한 리더가 되고 있으니 참으로 아이러니하다. 경영의 구루로 존경받는 피터 드러커는 카리스마 리더십의 시대는 끝났다고 천명했다. 그는 카리스마 리더십을 부정적으로 보고, 현대 조직에서 가장 피해야 할 리더십으로 간주했다. 그것이 민주 경영조직에서의 리더십은 아니라고 간주한 것이다.[36] 즉 카리스마 리더십은 어떤 절대적 매력을 지닌 한 인물이 조직을 원하는 대로 이끌어가는 것을 뜻하는데, 현대와 같이 민주적으로 운영되는 민주 경영조직에서는 개인의 매력에 의존하는 방식이 부적합하다고 판단한 것이다. 이 말을 살짝 비틀어보면, 민주적이지 않아도 되는 조직이나 민주적인 조직 구조가 필요치 않은 상황에서라면 '카리스마 리더십'은 여전히 실용성이 있다는 말이 된다.

위기의 순간에는 민주적인 조직 운영보다는 한 리더에 의한 독재적 구조가 더욱 효율적이다. 일반적으로 위기의 순간에는 모두의 의견을 듣고, 논의하고, 조율을 해나갈 여유가 없다. 빠르게 결정하고 행동함으로써 지연으로 인한 피해를 최소화하고, 효율성을 극대화하는 것이 필요하다. 따라서 위기의 순간에는 권력을 바탕으로 한 지시적 리더십이나 카리스마 리더십 같은 것들이 중요할 수밖에 없다. 군대라는 조직이 상명하복식의 구조를 지닌 것은 바로 이 때문이다. 당장 적군이 밀려오는데 싸울지 말지, 후퇴할지 전선으로 나아갈지, 대포를 쏠지 지

---

36) 이상오. 2008. 『리더십 역사와 전망』, 연세대학교 출판부

뢰를 쏠지를 지속적인 논의와 논쟁으로 결정하다간, 무방비 상태로 목숨을 잃게 될 것이 분명하다. 영화 '명량'에서는 이러한 모습들이 잘 나타난다. 이순신 장군은 부하 장군들의 의견을 듣고 논의하기보다는, 자신이 확신한 전략을 고수하며, 자신의 지배력을 높이기 위해 엄격한 군법을 이행한다. 이런 지휘 덕분에 전투에서 처음의 고난을 버텨내고, 결국 승리를 이끌어낼 수 있었다. 위기의 순간에 카리스마 리더십은 확실히 빛을 발한다. 그러므로 일반적으로는 솔선수범의 리더십을 사용하고, 위기의 순간에 강력한 카리스마 리더십을 사용한다면, 가장 효율적인 리더십이 사용될 것이다. 유재석이 바로 이런 방식으로 카리스마 리더십을 사용했다.

그런데 과연 유재석은 이런 강한 카리스마 리더십만을 사용하는 것일까? 이를 살펴보기 위해서 카리스마에 대한 기본적인 개념을 다시 한 번 생각해볼 필요가 있다. 카리스마는 대중을 따르게 하는 초인적인 자질, 또는 대중이나 조직 구성원을 복종하게 하는 강한 마력 혹은 능력을 의미한다. 이 정의에서 보듯이 카리스마에는 '복종'이라는 중요한 암시가 들어 있다. 즉 스스로가 원하지 않아도, 혹은 정당한 일이 아닌 것 같아도, 누군가의 특별한 자질이나 매력 때문에 어쩔 수 없이 수행했다면, 그렇게 만든 자질이나 매력이 카리스마다. 카리스마의 특성은 히틀러 같은 독재자 이미지에 의해서 구체화되었고, 그 덕분에 우리는 카리스마 리더십을 강력한 권력형 리더십으로 인식하기 쉽다. 즉 카리스마 리더십이라는 것은 강한 리더십이고, 누군가에게 무언가를 시키고 강제하는 리더십으로 볼 수 있다는 것이다. 그래서 대중은 '카리스마 리더십'을 말하면, 박정희 같은 독재자를 떠올리곤 한다. 그렇지만 바스(1985)에 따르면, "카리스마적 리더의 부하들은 단순히 리더를 신뢰하고 존경할 뿐 아니라, 리더를 초인간적인 영웅이나 영적인 존재로서 숭배하고 이상화시킨다."라고 한다.[37] 즉 카리스마 리더십은 리더가 시키는 대로 한다는 점에서는 '권력'형 리더십이라고 볼 수도 있지만, 그것이 강제력이나 물리력 같은 일종의 권력을 넘어서, 숭배와 같은 감정을 통한 자의적인 행동이 행해진다는 점에서는 권위적인 리더십이라고 볼 수도 있다. 쉽게 말하면 카리스마 리더십은 권력형 리더십과 권위형 리더십의 색깔을 모두 지니고 있다고 볼 수 있다.[38]

만약 동료들이 유재석이 평상시에 보여주는 솔선수범이나 배려, 능력들을 보고 유재석을 우상화하고 숭배했다면, 그리고 이를 바탕으로 자신을 개선해나가고 집단의 목표를 이루는 것에 이바지했다면, 꼭 강한 모습을 보이지 않더라도 유재석은 카리스마 리더십을 이미 선보였다고 말할 수 있다. 나는 이것을 유재석의 부드러운 카리스마라고 부른다. 부드러운 카리스마란 '언제 어디서나 중심을 잃지 않고 뛰어난 공감을 보여주며 자신을 표현하는 힘'이다. 또 '모든 것을 포용할 수 있는 유연한 사고와 신체를 통해 자신만의 매력을 발산하는 능력'이라고 정의할

---

37) 김혜성. 2009. "카리스마 리더십이 조직 유효성에 미치는 영향에 관한 연구: 비서직을 중심으로", 아주대 경영대학원

38) 국립국어원 『표준국어대사전』에 따르면, 카리스마의 순화된 표현을 '권위'로 보고 있다.

수 있다.[39] 이 정의를 살펴보면, '동계 올림픽'편에서처럼 꼭 호통을 치지 않아도, 이미 유재석은 평상시에 카리스마 리더십을 발휘하고 있다. 강하게 이야기를 하건, 부드럽게 말을 하건, 그에게는 이미 '카리스마'가 존재하고 있다.

강한 카리스마	부드러운 카리스마
권력형	권위형
지시형	솔선수범형

  한국인들은 리더에 대해 이중적인 취향을 지니고 있다. 강력한 리더, 가부장적 리더, 독재자로 설명할 수 있는 강력한 카리스마에 대해 분노를 지니고 있지만, 동시에 향수 또한 지니고 있다. 한국인이 가장 좋아하는 대통령의 한 명으로 박정희가 거론되고 있는 것이 그 증거라고 할 수 있다. 박정희는 실제로 어땠는지는 모르지만, 일단 엄격하고 결단력 있으며 강력한 실천력의 개인 리더십을 갖췄다는 이미지가 형성되어 있다. 전형적인 강한 카리스마 리더십의 소유자다. 한국인들은 박정희가 행했던 독재 행위에 강력하게 분노하는 반면, 그의 리더십에 대해서 호의적으로 여기거나 그리워하기도 한다. 이 같은 대중의 취향

---

39) 시라가타 도시로, 2008. 『부드러운 카리스마』, 토네이도

은 1997년도 대통령 선거에서 박정희의 이미지를 차용했던 이인제가 19.2%의 득표율을 올린 것, 박정희의 딸인 박근혜가 대통령이 된 것을 보면 알 수 있다.

박정희와 대척점에 있는 부드러운 카리스마를 지닌 리더를 찾자면, 김대중 전 대통령을 말할 수 있다. 그는 원칙을 지키고, 치밀하며, 포용력 있는 성품과 탁월한 전문지식을 지닌 리더십을 발휘했다.[40] 이 같은 리더십을 선호하는 국민들 또한 분명히 있었다. 이러한 리더십의 선호는 노무현 대통령까지 이어졌다. 노무현 대통령은 역대 대통령 호감도 1위를, 김대중 대통령은 2위를 차지했다(리서치뷰. 2012). 결국 대한민국 사람들은 강한 카리스마, 혹은 부드러운 카리스마 중의 하나만을 선호하는 편향성을 지니고 있다. 동시에 한쪽으로 치우침 없이 상황에 따라 선호하는 카리스마 리더십이 달라지는 이들이 존재하고 있는 것으로 보인다. 그 때문에 대한민국에서 유재석의 부드러운 카리스마와 강호동의 강력한 카리스마가 공존할 수 있고, 동시에 둘 다 큰 사랑을 받을 수 있다. 다만 강력한 카리스마에 대한 거부감은 명확히 존재하는데 비해, 부드러운 카리스마에 대한 거부감은 크지 않다. 바로 이 점에서 대중들이 강력한 카리스마보다는 부드러운 카리스마를 조금 더 선호한다고 판단할 수 있다. 그것이 강력한 카리스마보다는 부드러운 카리스마를 지니고 있는 유재석을 같이 일하고 싶은 직장 상사, 장관을

---

40) 윤종성. 2008. "대통령 국정 과제 수행 리더십 연구: 박정희·김대중 리더십 비교를 중심으로", 명지대학교

시키고 싶은 연예인으로 더 많이 선정하는 이유일 것이다.

정리하면, 유재석의 카리스마 리더십은 기본적으로 부드러운 카리스마이고, 필요에 따라 강한 카리스마 리더십을 사용하기도 한다. 그의 카리스마는 솔선수범 리더십과 결합하여 더 큰 효과를 일으키고, 대중들은 이런 유재석의 리더십을 선호한다.

그렇다면 우리는 어떻게 카리스마를 가질 수 있을까?

어떤 이들은 태어날 때부터 카리스마를 지니고 태어난다. 성격, 태도, 외모 등을 통해서 자연스럽게 카리스마를 갖게 되거나, 혹은 특별한 재능을 타고나 카리스마를 보유하게 되는 사람들이 있다. 어려서부터 주변에서 인정받고 사람들이 자신의 의도대로 잘 따라주었다면, 이미 타고난 카리스마를 지니고 있는 경우가 많다. 이럴 경우에는 손쉽게 카리스마 리더십을 발휘할 수 있을 것이다.

하지만 타고나지 않아도 자신의 노력에 따라서 얼마든지 카리스마를 지닐 수 있다. 영원한 캡틴 박지성은 주장으로 활약하면서 후배들에게 큰소리를 내지 않았다고 한다. 대신 그는 후배들보다 먼저 움직이며 '솔선수범'했다. 그것만으로도 그는 엄청난 리더십을 발휘할 수 있었다. 물론 그렇게 되기까지 그는 꾸준히 노력했고, 자신의 위치를 서서히 높여갔다. 그리고 대한민국 축구 선수로서는 유일하게 세계 최고의 구단인 맨체스터 유나이티드에 자기 이름을 당당히 새겼다. 이런 노력과 과정이 있었기 때문에 그는 큰소리 내지 않고 그저 솔선수범하는 것으로 모두를 압도할 만한 카리스마를 내뿜을 수 있었다.

일반적으로 특별한 재능을 지니고 있지 않은 이가 카리스마를 갖는 가장 좋은 방법은 자기 일에 최선을 다하는 것이다. 그 어떤 사람도 그것이 무엇이든 자기의 업을 진지하게 여기는 사람을 무시하지 못한다. 자기 일에 최선을 다하는 사람에게서는 남들이 쉽게 무시할 수 없는 진지한 기운이 충분히 뿜어져 나오기 때문이다. 자기의 일을 대충 하고 자신의 삶을 건성으로 대하는 사람에게서는 그러한 기운이 절대로 나오지 않는다. 사람들은 그런 기운을 너무나 자연스럽게 느끼기 때문에, 자신의 삶을 진지하게 대하는 것만으로도 상당히 짙은 카리스마를 뿜어낼 수 있다.

또 하나의 방법은 남에 대한 배려이다. 배은망덕한 일부 사람을 제외하고 모든 사람은 배려 받을 때 감사함을 느낀다. 그 감사함은 배려해 준 사람에 대한 존중의 토대가 된다. 그리하여 배려 받은 사람은 배려한 사람을 존중하고, 그 존중은 곧 배려한 사람의 권위로 발전한다. 권위는 자연스레 카리스마를 형성한다. 권위를 지니고 남을 배려하면 존중은 더욱 커진다. 그런 선순환에 따라 개인의 카리스마는 더욱 강해진다.

즉 후천적 카리스마는 자신의 삶에 대한 진지한 태도와 남을 배려하는 자세가 섞이면서 점차 쌓이며, 시간이 지나면 지날수록 그 크기는 눈덩이처럼 불어난다. 이때 쌓이는 후천적 카리스마는 일반적으로 '부드러운 카리스마'로서 유재석의 것과 비슷하다. 유재석이 지닌 부드러운 카리스마는 후천적으로 충분히 얻을 수 있다. 이 카리스마를 바탕으로 자신이 점차 발전하고 성장해 나간다면, 자연스럽게 권력도 얻을 수 있다. 이렇게 권력을 갖게 되면, 이미 지니고 있던 부드러운 카리스마와 권력이 결합하여 더욱 영향력 있는 카리스마를 지니게 될 것이다.

사람들은 자신이 엄청난 능력이나 카리스마를 타고나지 못한 것을 안타깝게 여기곤 한다. 하지만 1990년대의 유재석과 지금의 유재석의 카리스마를 비교해보면, 카리스마는 확실히 만들어 낼 수 있다는 것을 알 수 있다. 심지어는 한국 사람들이 더욱 선호하는 부드러운 카리스마를 말이다. 자신의 삶을 진지하게 살아 나가는 것, 남을 배려하는 것, 이 당연한 두 가지가 카리스마라는 선물을 안겨줄 것이다.

거래적 리더십

거래적 리더십이란 '리더가 어떤 보상을 전제로 부하의 복종을 받아 내는 것'[41]이다. 쉽게 말하면, 리더가 원하는 것을 얻기 위해 부하가 원 하는 것을 제공하는 것이다. 거래적 리더십은 굉장히 고전적인 리더십 이라고 볼 수 있다. 최근의 리더십은 동기 부여와 같이 사람의 심리와 연관된 측면이 강한 반면에, 거래적 리더십은 말 그대로 거래를 이용한 아주 전통적인 리더십의 모습을 지니고 있다.

"니가 이거 하면 이거 줄게."

우리가 받는 월급이 바로 거래적 리더십의 가장 대표적인 사례이다. 우리가 일을 하면 회사는 돈을 준다. 우리는 이 거래를 성사시키기 위 해 열심히 일한다. 결국 우리는 보상을 얻기 위해 복종을 약속하는 것 이다. 우리는 거래적 리더십에 가장 많이 휘둘리고, 가장 많이 영향 받 는다. 단지 너무 당연해서, 이것을 리더십의 한 종류로 인식하지 않을 뿐이다.

---

41) 『경영학원론』, 학현사, 임창희

유재석 또한 이런 거래적 리더십을 사용한다. 겉으로 보면 유재석이 같이 일하는 동료들에게 출연료를 주는 것이 아니므로, 정말 유재석이 거래적 리더십을 사용하는지에 대한 의문이 생길 수 있다. 실제로 유재석과 함께 일하는 사람들에게 출연료를 지급하고 출연의 기회를 제공하고 기타 다양한 보상을 제공하는 것은 유재석이 아니라 방송국이다. 방송국이 일을 시키고 방송국이 돈을 준다. 만약 방송국에 고용된 출연진이 좋은 성과를 낸다면, 방송국은 약속한 출연료에 더해서 보너스를 주기도 하고, 더 오래 방송하며 일할 수 있도록 프로그램을 폐지하지 않고 계속 이어나갈 것이다. 심지어 방송국은 더 좋은 방송을 만들기 위해 더 큰 보상을 약속하기도 한다. 출연진은 이 모든 혜택을 방송국으로부터 받는다. 이뿐만이 아니다. 만약 방송이 하나 잘되면 출연진은 CF를 비롯한 다양한 부가 활동을 할 수 있는 많은 기회를 얻게 된다. 즉 방송국은 출연진에게 실질적인 보상과 더불어, 기회라는 눈에 보이지 않는 보상도 해준다. 방송국에서 이런 것들을 제공해주기 때문에 출연진들은 방송을 열심히 할 수밖에 없다. 방송국은 자원봉사 센터가 아니기에 수많은 혜택을 그냥 제공하지 않는다. 출연진이 열심히 해서 시청률을 올리는 것에 대한 거래로 위와 같은 다양한 혜택을 준비해놓고 있을 뿐이다. 이 혜택들을 모두 받아 성공하고 싶다면, 출연진에게는 열심히 하는 것 이외의 다른 방법이 없다. 어떻게든 열심히 해서 방송이 조기에 종영되거나 출연진이 교체되는 일만은 막아야 한다. 이렇게 출연진은 방송국의 거래적 리더십에 철저히 무릎을 꿇는다.

유 재 석 배 우 기

그에 반해 유재석은 동료들에게 월급을 주는 것도 아니고 다른 부가 혜택을 제공하는 것도 아니다. 따라서 유재석이 거래적 리더십을 사용한다고 섣불리 얘기할 수는 없다. 그런데 방송 활동을 하는 수많은 연예인이 유독 유재석과 같이 일하기를 희망한다는 점을 생각해보면, 유재석이라는 리더가 동료들에게 제공하는 어떤 특별한 것이 있는 게 아닐까 하는 의심을 할 수 있다. 단지 유재석이기 때문에 같이 하기를 원한다고 얘기하기에는 그 근거가 참으로 빈약하기 때문이다. 유재석의 솔선수범이나 카리스마 리더십 때문이라고 말하기도 좀 모호하다. 이것들은 매우 훌륭한 리더십이지만, 당장 먹고 사는 것이 중요한 사람에게는 이것들보다 '거래적 리더십', 즉 무언가 대가를 받는 것이 더욱 중요할 뿐이다. 그럼에도 유독 유재석을 선호하며 같이 일하고 싶어 하는 사람이 많은 점, 심지어 방송이 없는 날에도 유재석의 호출이 있으면 다 집합해서 방송 준비를 하는 모습들을 보면, 유재석에게는 뭔가 특별한 것이 있다고 판단할 수밖에 없다.

허쯔버그의 2요인 이론이 있다. 인간의 욕구에는 '동기 요인'과 '위생 요인'이 있는데, 이 두 요인은 상호 독립되어 있다는 이론이다. 동기 요인은 조직 구성원에게 만족을 주고 동기를 유발하는 요인이다. 위생 요인은 욕구가 충족되지 않을 경우 조직 구성원에게 불만족을 초래하지만, 그러한 욕구를 충족시켜준다고 해서 열심히 해야겠다는 동기를 발생시키지는 못하는 요인을 말한다. 이를 조금 더 쉽게 풀어보자. 인간에게는 두 가지 욕구가 있다. 만족을 얻으려는 욕구, 그리고 불만이나 고통을 피하려는 욕구가 그것이다. 조직이 잘 굴러가기 위해서는 조직 구성원들의 두 가지 욕구를 모두 만족시켜야줘야 하는데, 이 두 가지 욕구는 완전히 따로 노는 놈들이다. 그래서 어떤 한 가지만으로는 이 두 가지를 동시에 만족시킬 수 없다. 그래서 '만족을 얻으려는 욕구'인 '동기 요인'을 만족시켜주는 방안도 필요하고, 더불어 '불만이나 고통을 피하려는 욕구'인 '위생 요인'을 만족시켜주는 방안도 필요하다. 허쯔버그의 이론에서 보면, 동기 요인은 '성취감, 업무에 대한 인정, 승진'과 같은 것이고, 위생 요인은 '보수, 대인관계, 작업 조건'등이다.[42]

동기 요인	상호 독립적으로 존재	위생 요인
만족을 얻으려는 욕구		불만, 고통을 피하려는 욕구
성취감, 업무에 대한 인정, 승진		보수, 대인관계, 작업 조건

　이 이론에 의하면, 유재석이 리더로서 구성원들을 잘 이끌고 나가기 위해서는 '동기 요인'과 '위생 요인'을 다 제공해주어야 한다. 물론 이것들은 이미 방송국에서 제공하고 있는 것들이다. 그러나 유재석이 리더로서 인정받고 성과를 내기 위해서는 유재석 또한 이것들을 제공해줄

---

42) 『경영학원론』, 임창희, 학현사

　　　　　유 재 석　배 우 기

필요가 있다. 이를 통해 방송을 더욱 잘 만들어갈 가능성이 높아지고, 확실한 성과를 만들어낼 수 있기 때문이다. 만약 유재석이 동기 요인과 위생 요인을 제공해주고 유재석이 원하는 것을 얻어낸다면, 이를 거래적 리더십이라고 부를 수 있다.

그렇다면 유재석과 함께 일하는 동료 연예인이 바라는 것은 무엇일까? 일단 동기 요인으로는 '인기'가 있다. 연예인에게 있어서 '성취나 승진'같은 동기 요인은 '인기'로 표현하는 것이 더욱 적절하다. 우리가 승진이나 성취를 통해 얻을 수 있는 것을 연예인은 '인기'로 얻을 수 있기 때문이다. 인기는 '시청률'과 '대중의 반응'을 통해서 확인할 수 있다.

위생 요인으로는 '보수'가 있을 것이다. 대인관계의 경우 연예인에게 있어서 그렇게 중요한 부분은 아닐 수 있다. 연예인이라는 직업의 특성상 몇 명의 인물과 지속적으로 함께 일하는 경우는 그렇게 많지 않다. 프로그램에 따라 같이 일하는 사람이 변하기 때문에 대인관계는 그때그때 달라질 수 있다. 심지어는 혼자 일하는 경우도 흔하므로, 연예인에게 대인관계는 아주 중요한 요소는 아닐 가능성이 높다. 작업 조건 또한 연예인이 일하는 환경의 특수성에 비추어볼 때, 개선되거나 변동될 가능성이 무척이나 적다. 10년 전의 드라마 제작 환경과 지금의 드라마 제작 환경은 상당히 많이 변했다고 하지만, 여전히 쪽 대본이 존재하고 여전히 밤을 새워야 하는 등, 기본적인 부분은 계속 반복되는 것으로 봐도 무방하다. 따라서 그 어느 것보다 중요한 위생 요인으로 '보수'를 말하는 것이 가장 합당할 것이다.

이렇게 연예인이 원하는 동기 요인과 위생 요인을 제공해준다면, 그들은 기꺼이 거래에 응하게 될 것이다. 그런데 연예인에게는 이 두 가지 요인을 모두 종합하는 하나의 요인이 있다. 바로 '계속 일하는 것'이다.

모든 연예인이 인기를 얻고 돈을 많이 벌고 싶어 한다. 그건 당연하다. 하지만 인기를 얻기 위해서는 방송에 계속 나와야 하고, 돈을 벌기 위해서도 방송에 계속 나와야 한다. 방송은 고용의 안정성이 보장되는 다른 직업과는 확연히 다르다. 고용의 안정성이 심각할 정도로 약한, 매우 불안정한 직업이며, 따라서 갑자기 실업자가 되는 일은 흔하다. 방송이라는 시장 안에서 경쟁은 매우 심하게 일어나고, 대중의 취향은 시시각각으로 변한다. 한번 성공했다고 해서 지속적으로 성공할 수 있는 직업도 아니다. 좋은 작품을 만나 한꺼번에 큰 인기를 얻었다가 갑자기 사라진 연예인은 너무 많다. 한번의 성공은 순간적일 뿐이다. 게다가 매우 작은 한번의 실수가 아예 방송 활동 자체를 불가능하게 만들기도 한다. 딱히 잘못한 것이 없어도, 혹은 의혹만으로도 활동 자체를 접어야 하는 상황이 생긴다. 강호동은 탈세 의혹만 있었을 뿐 무혐의 판결이 났지만, 활동을 중단해야만 했다. 강호동처럼 오랫동안 국내 예능계의 일인자로 군림했던 사람이 한번에 일터를 잃을 수 있는 것이 바로 연예계이다. 그러므로 연예인에게 있어서 가장 중요한 것이 바로 '안정적인 고용'이다. 연예인에게 안정적인 고용은 곧 연금과도 같다. 언제나 일이 없어질 수 있다는 불안감이 극심한 연예인에게 안정적 고용은 정말 달콤한 선물이다.

게다가 꾸준히 방송했을 때, 대중의 인기를 함께 얻을 가능성도 커진다. 연예인의 인기는 얼마나 노출되느냐와 밀접한 관계가 있다. 연예인이 활동할 수 있는 무대는 생각보다 좁다. 이 좁은 틀 안에서 많이 노출되면 인기를 얻는 것이고, 노출되지 못하면 사라지는 것이다. 심지어 부정적으로 노출되고 비난받더라도, 아예 관심의 대상이 되지 못하는 것보다는 낫다고 여기는 것이 연예계다. 연예인에게 인기란 '얼마나 거론되는가'를 말하는 것이지, '칭찬을 받느냐 혹은 비난을 받느냐'를 말하는 것이 아니다. 연예인에게 인기의 반대말은 곧 '무관심'이다. 인기가 없어도 계속 노출된다면, 그것은 인기가 '있다'고 봐야 한다. 안정적인 고용은 지속적인 노출을 가능하게 만든다. 즉 '안정적인 고용'은 연예인에게 '보수'와 '인기'를 모두 얻을 기회를 제공해준다. 유재석은 동료들에게 바로 이 '안정적인 고용'을 보장하고 있다.

유재석이 맡은 프로그램을 살펴보면 모두 장수하는 프로그램이다. '해피투게더'는 2003년부터 지금까지 계속 유재석이 진행을 맡아왔고, '놀러와'는 2004년부터 2012년까지 8년이나 지속한 방송이다. '무한도전'은 2005년부터, 가장 역사가 짧은 프로그램인 '런닝맨'도 2010년부터 시작됐다. 모두 다 상당히 오랫동안 유지되고 꾸준히 사랑받는 프로그램이다. 이는 일반적인 방송 환경을 고려할 때 매우 특별한 사례다. 많은 프로그램이 3개월에서 6개월 사이에 만들어지고 사라지고 다시 만들어지기를 반복하기 때문이다. 특히 예능은 더 그렇다. 예능은 유행과 추세에 민감하고 시청률에 크게 영향을 받기 때문에, 어떤 방송이라도 하루아침에 없어질 수 있다. 따라서 유재석이 출연하는 방송이 길게 유지되는 것은 분명 특별한 현상이며, 유재석이 영향을 끼쳤다고 볼 수 있다. 일단 유재석이 맡은 프로그램은 시청률이 낮더라도 방송사 차원에서 쉽게 폐지를 논의하지 못하는 경향이 있다. 왜냐면 유재석이기 때문이다. 유재석은 이미 많은 프로그램을 오랫동안 성공적으로 정착시킨 경험이 있다. 시간이 필요할 뿐 유재석은 프로그램을 반드시 성공으로 이끌 수 있다는 확신이 방송가 사이에 퍼져 있다.

특히 '런닝맨'의 성공으로 유재석은 다시 한 번 자신의 진가를 확인시킨 바 있다. 2010년에 시작된 '런닝맨'은 1년이 지나고 나서야 서서히 자리 잡았고, 마침내 최고의 예능 프로그램이 됐다. 유재석도 어쩔 수 없으니 차라리 유재석이 하차했으면 좋겠다는 반응이 있었던 프로그램이 어느새 유재석의 또 다른 대표작으로 자리 잡고, 이제는 역시 유재석이라는 평가가 줄을 잇고 있다. '런닝맨'사례로 인해 유재석이 하면 결국은 된다는 인식이 더욱 강해졌다. '런닝맨'전에도 유재석에 대한 신뢰가 있었기 때문에 '런닝맨'을 쉽게 없애지 못했지만, 이제는 그 신뢰가 더욱 강력해진 상황이라 아마 유재석이 맡는 프로그램은 유재석이 그만하겠다고 선언하지 않는 이상 어지간해서는 없어지지 않을 것이 분명하다. 최근의 '나는 남자다'는 애초에 시즌제로 기획됐기 때문에 20회로 막 내릴 가능성이 높다. 하지만 유재석도 방송을 살리지 못했다는 평가보다는, 이제 좀 자리를 잡아가는 데 아쉽다는 이야기가 나오는 상황인 것을 보면, 유재석에 대한 신뢰를 접을 정도라고 보이진 않는다. 사실 '나는 남자다'의 경우에는 남자들이 관심을 가질 수 있는 조금은 더 강하고 조금은 더 자극적인 이야기들이 나와야 했다. 그러나 방송국이 KBS라는 점에서 일단 강력한 무기 하나를 잃은 상태로 시작됐다는 점을 생각해야 한다. 게다가 시간이 지나고 김제동이 게스트로 출연하면서 방송이 더욱 재밌어지고 시청률도 계속 올라, 최근에는 5.9%에 도달했다. 따라서 전형적인 슬로우 스타터slow starter인 유재석의 입장에서는 시즌제가 오히려 안타까울 지경이다. 아마 20회 정도만 더 있었어도 같은 시간대 1위인 8.5%의 '나 혼자 산다'를 충분히 쫓아갈 수 있었을 것이다. 따라서 '나는 남자다'를 예로 들어 유재석에 대한 신뢰가 사라졌다고 말하는 것은 성급하다. 여전히 그에 대한 신뢰는 충분하다.

따라서 유재석과 함께하면 앞으로도 오랫동안 고정으로 일할 가능성이 높다. 게다가 유재석이 지금까지 성공시켜온 '무한도전', '패밀리가 떴다', '런닝맨'과 같은 리얼 버라이어티 방송을 살펴보면, 모두 같은 동료들과 함께 호흡을 맞추며 인기를 끄는 프로그램이었다. 즉 유재석표 프로그램은 동료들과의 호흡이 무엇보다 중요하다. 결국 동료들을 계속 바꾸기보다는 고정된 동료들과 꾸준히 함께하면서, 그 안에서 다양한 캐릭터들을 뽑아내는 방식으로 인기를 끈다. '런닝맨'초반에 '재미없다, 존재감이 없다'는 평을 받았던 지석진이 교체되지 않고 현재까지 계속 함께하는 것은 이런 이유 때문이다. 지석진은 이후 '레이스 스타터'로서 자신의 캐릭터를 명확하게 했고, 이광수와 조합을 이루기도 하며 나름의 위치를 확고히 했다. 현재는 '런닝맨'에서 빠지면 안 되는 독자적인 부분을 구축했다. 재미없다고, 반응이 좋지 않다고 빨리빨리 교체하기보다는, 지속해서 함께하면서 캐릭터를 잡아나가는 유재석의 방식이 잘 맞아떨어진 경우다.

이처럼 유재석과 함께하면 방송에서 하차할 가능성이 적다. 당시에 인기가 없더라도, 시간이 지나면 어떻게든 캐릭터를 만들어줄 가능성이 있기 때문이다. 또한 유재석은 같이 작업했던 연예인과 지속적인 관계를 유지하며 다른 방송에서도 호흡을 맞추는 경향이 있다. 일단 하나의 방송만 같이해도 안정적인 고용을 만들어주는 데다가, 열심히 해서 유재석에게 좋은 이미지를 심어주기만 하면, 그 이후에도 유재석이 출연하는 방송에 함께 출연할 기회를 꽤 많이 얻을 수 있다는 것은 함께하는 연예인으로서 상당히 달콤한 선물이 아닐 수 없다. 예를 들어 김종국은 2004년 'X맨'때 인연을 시작해서, '패밀리가 떴다'를 거쳐, 2014년 현재까지 '런닝맨'에서 인연을 이어가고 있다. 하하도 마찬가지다. 2005년 '무한도전'의 게스트로 나와 인연을 맺은 하하는 여전히 '무한도전'의 핵심 출연진인 동시에 '런닝맨'의 핵심 출연진이기도 하다. 박명수는 '무한도전'에서 연을 맺고 '해피투게더'를 함께 하고 있다. 2012년에 유재석과 '놀러와'에서 함께했던 권오중은 유재석이 출연하는 '무한도전'에도 게스트로 출연할 기회를 얻었고, 이후에는 '나는 남자다'에 함께 출연하게 됐다. 역시 '놀러와'에서 함께했던 김나영 또한 '무한도전'에 게스트로 계속 나오고 있고, '나는 남자다'에도 출연했다. 'X맨'

때 함께했던 김제동을 유재석이 꾸준히 방송에 부르는 것도 마찬가지 맥락이다. 그 또한 '나는 남자다'에서 유재석과 함께 방송 했으며, '무한도전'에도 가끔 얼굴을 비친다. 특히 리얼 버라이어티에 적응을 못 했던 김제동이 최근에는 유재석을 비난하는 캐릭터로 자리를 잡으면서 리얼 버라이어티에 나와도 큰 재미를 줄 수 있게 됐고, '무한도전'의 반 고정으로 추천받을 정도가 되었다. 그러므로 유재석과 함께 일하는 것이 지닌 장점이 얼마나 큰지 분명히 알 수 있다.

위의 사례처럼 일단 유재석과 가까워지면, 다른 방송에서도 함께할 기회가 급격히 많아진다. 따라서 유재석과 함께 방송하는 것은 마치 우량 기업에 입사한 것과 같은 효과를 준다. 유재석은 안정적인 고용 환경을 만들어주고, 다양한 출연 기회까지 보장한다. 연예인들이 가장 간절히 원하는 것이다. 많은 연예인이 유재석과 함께하길 바라는 이유다. 방송국은 '고용'은 줄 수 있어도, 유재석처럼 '안정적인 고용'을 줄 수는 없다. 방송국은 '보수'는 줄 수 있지만, 유재석이 출연하는 다른 방송에 출연할 수 있는 '기회'는 주지 않는다. 이는 유재석만이 줄 수 있다.

특히 유재석은 동료의 캐릭터를 잡아주는 데 굉장히 능하다. 방송에서, 특히 예능 프로그램에서 '캐릭터'가 가진 힘은 어마어마하다. 일단 캐릭터가 구축되면, 연예인은 대중과 직관적으로 소통할 수 있다. 대중은 연예인을 더욱 명확하고 친근하게 받아들이게 된다. 이렇게 캐릭터가 구축되면, 광고주나 다른 방송이 이들의 이미지를 적극적으로 활용하기 쉬워진다. 예를 들어 월드스타 하면 싸이가 떠오르고, 싸이 하면

술이 떠오르게 되는 것처럼, 캐릭터가 있으면 광고주나 방송사에서 특정 이미지를 가진 연예인이 필요할 때, 그 사람을 바로 떠올리고 활용하게 된다. 싸이가 주류 광고를 찍는 것이 너무나 자연스러운 일인 것처럼 말이다. 그러니 연예인은 자신의 캐릭터를 가지려고 애를 쓸 수밖에 없고, 방송에서도 어떻게든 출연진의 캐릭터를 만들기 위해 노력한다. 유재석은 이 작업을 가장 능숙하게 잘하는 인물이다.

'무한도전'의 '무한상사'편에서 유재석이 하하에게 "캐릭터를 만들어주려고…"라고 말하는 부분이 있다. 그는 기본적으로 캐릭터의 힘을 제대로 이해하고 있고, 동료들의 캐릭터를 잡아주기 위해서 열심히 노력한다. 박명수의 수많은 캐릭터, 길의 '태생적으로 재미없는 길'이라는 캐릭터도 유재석의 관찰력과 노력이 있었기 때문에 만들어진 것이다. 최근에는 '무한도전' 토토가에 출연한 예원에게 거짓말로 답하는 아이돌 캐릭터를 잡아주기도 했다. 유재석과 함께하다 보면 이처럼 선명한 캐릭터를 얻게 될 확률이 높다. 이 캐릭터는 연예인의 '보수'와 '인기'에 대한 갈망을 모두 만족시켜줄 것이다. 유재석은 '안정적인 고용'을 제공해주고, '고용의 기회'를 제공해주며, 따라서 '보수'와 '인기'또한 제공해준다. 유재석은 바로 이것을 통해 거래적 리더십을 실현시킨다.

그렇다면 유재석은 동료에게 무엇을 요구할까? 거래적 러더십이라는 것은 결국 주고받는 것이기 때문에, 동료들에게 '안정적인 고용'을 주고 무언가를 받아내야 한다. 유재석은 먹고사는 걱정을 전혀 할 필요가 없는 연예인이다. 이미 충분히 많은 돈을 벌었고, 국민 MC라는 가장 영예로운 명예도 얻었다. 거기에 여전히 최고의 인기를 누리고 있다. 수입을 살펴보면, 유재석은 1회 출연료로 약 천만 원 이상을 받는 것으로 알려졌다. 대략 계산해보면, 현재 출연하고 있는 3개의 방송('해피투게더', '무한도전', '런닝맨')만으로도 주당 3천만 원을 벌 수 있다. 1달이면 1억 2천이다. 거기에 CF로도 돈을 벌고, 재방송으로도 돈을 번다. 이 정도면 돈으로는 부족함이 없을 수준이다. 유재석은 이 같은 자신의 수입에 충분히 만족하고 있는 것으로 보인다. 물론 사람의 성향에 따라 더 많이 벌어야 만족할 수 있는 사람도 있을 테지만, 월급이 1억이 넘어간다고 생각하면 더 많은 돈을 벌기 위해 안달 나지는 않을 것이다. 또한 돈에 욕심이 났다면 더 많은 프로그램을 하거나 적극적으로 CF를 찍을 텐데, 그는 그러지 않는다. 그것을 보면 그가 동료들과의 거래를 통해 얻고 싶은 것이 단순히 돈은 아닐 것이다.

유재석은 '패밀리가 떴다' 이후에 '런닝맨'을 통해서 SBS에 화려하게 복귀했다. '런닝맨'은 유재석이 새롭게 시작하는 프로그램이라는 것만으로 엄청난 화제를 끌었고, 대중은 '런닝맨'에 큰 관심을 보이기 시작했다. 그렇지만 기대보다 프로그램의 재미는 크지 않았고, 결국 시청률이 잘 나오지 않는 상황이 이어지면서, 유재석의 시대가 끝나간다는 평가를 받기에 이르렀다. 아무리 유재석이어도 안 된다는 실망감이 발생한 것이다. 게다가 '런닝맨'의 제작진을 사칭한 납치 사건이 일어났고, 제작진이 욕설하는 사건, 그리고 만리장성의 길이에 고구려가 쌓은 천리장성의 길이까지 포함해서 중국의 동북공정의 논리에 따른 자막을 내보내는 것 같은 사건이 발생했다. 이렇게 프로그램의 재미를 떠나 프로그램 자체에 대한 부정적이 시선이 늘어나는 사태까지 맞이하게 됐다. 일부 시청자들은 '런닝맨'이 폐지되어야 한다고 주장했다. 또 유재석의 팬들은 유재석이 이런 프로그램에 남아 있을 필요가 없으며, 유재석에게 해만 되는 프로그램이니, 유재석이 빨리 프로그램에서 하차해야 한다는 이야기를 하기도 했다. 그러나 이 상황에서도 유재석은 프로그램을 하차하지 않고 계속 이어나갔다.

당시 상황을 살펴보면, 유재석이 하차해도 유재석에게는 전혀 문제가 되지 않을 분위기였다. 사람들은 '런닝맨'과 유재석을 별개로 보며, 유재석 혼자서 '런닝맨'과 같은 안 좋은 프로그램을 위해 애쓰고 있다고 인식하고 있었다. 대중은 유재석이 '런닝맨'을 겨우 지탱하고 있으며, '런닝맨'은 그런 유재석에게 폐만 끼친다고 봤다. 유재석이 하차할 때 일정한 이미지의 타격은 있겠지만, '런닝맨'을 계속 해도 이미지 하락은 피할 수 없으니, 차라리 하차하고 새로운 프로그램을 하라는 의견까지 있었다. 이런 상황에서 유재석은 하차하지 않고 결국 '런닝맨'을 성공으로 이끌었다. 지금은 '런닝맨'을 통해 '역시 유재석'이라는 평가를 받고 있다. 그가 무려 2년 동안이나 이 작품을 붙잡고 있었기 때문에 가능한 일이었다.

어째서 그는 이 작품을 끝까지 붙잡고 있으려 했을까? 아마도 같이 해온 제작진과 동료들에 대한 배려, 그리고 시청자들에게 재미를 줘야 한다는 의무감 때문이었을 것이다. 동료에 대한 책임을 다하면서 시청자들에게 재미를 주려면 결국 '런닝맨'을 성공시킬 수밖에 없었을 것이다. 그는 '무한도전' '프로 레슬링'편에서 연습을 열심히 하지 않는 동료들에게 "그렇게 하면 시청자들이 욕해."라고 말한 적이 있다. 이를 통해서 그가 시청자들을 굉장히 신경 쓰고 있다는 것을 알 수 있다. 수상소감을 통해서도 항상 시청자들을 언급하는 것을 보면, 유재석은 무엇보다 '시청자의 만족'을 가장 중요하게 여기는 것을 알 수 있다. 따지고 보면 유재석이 원하는 것은 '재밌는 프로그램을 만들어 시청자들을 만족시키는 것'이고, 이를 통해 제작진과 동료들의 노력을 헛되게 하지 않는 것이다. 한마디로 줄이면, 유재석이 원하는 것은 '프로그램의 성공' 이다. 돈, 명예, 명성은 그저 부가적일 뿐이다. 김태호 PD는의 강연회에서 조정이나 레슬링 특집이 제작비 때문에 문제라고 말하니, 유재석이 자기가 레슬링 장을 구매하면 되겠느냐고 말한 것을 공개했다.[43] 심지어 방송에서 "제작비가 모자라면 자비를 내서라도 봅슬레이를 타러 가자."라고 말했다.[44] '런닝맨'을 끝까지 끌고가 결국 성공시킨 것을 생각해봐도, 역시 그에게는 돈보다도 오직 프로그램의 성공이 더 중요한 가치이다.

동료들이 원하는 '안정적인 고용'과 유재석이 원하는 '프로그램의 성공', 이 두 가지는 매우 자연스럽게 교환될 수 있다. 프로그램의 성공이

---

43) tv데일리 2014년 2월 3일 기사(http://tvdaily.mk.co.kr/read.php3?aid=1391413937647567006)

44) 『스포츠서울』 2014년 1월 25일 기사(http://news.sportsseoul.com/read/entertain/1306796.htm)

곧 안정적인 고용을 만들고, 안정적인 고용이 곧 프로그램의 성공을 만들기 때문이다.

유재석은 거래적 리더십을 통해 동료 연예인이 원하는 것을 확실히 주고 있다. 그러니 동료들은 열심히 해서 유재석이 원하는 프로그램의 성공을 안겨줄 수밖에 없다. 유재석과 잘 어울리면, 유재석에게 잘 보이면, 유재석이 원하는 것을 주기만 한다면, 자신이 바라는 것을 얻을 수 있다는 확신이 있기 때문이다. 한국 조직에서 거래적 리더십의 상황 보상은 조직 몰입 및 내재적 직무 만족에 정(+)의 영향을 끼친다는 연구 결과가 있다.[45] 즉 이런 유재석의 거래적 리더십은 한국에서 충분한 효과를 지니고 있음을 알 수 있다. 또한 이 같은 리더십이 직무 만족에 긍정적인 역할을 한다는 것도 알 수 있다. 단순히 거래적인 효과만 있는 것이 아니라, 만족도도 높다는 것이다. 그러니 유재석의 리더십이 성공적일 수밖에 없다.

우리는 주고받는 것, 거래적인 것에 대해서 조금 부정적인 이미지를 지니고 있을지도 모른다. 정이 없다고 느낄 수도 있고, 혹은 무언가 계산적이라는 느낌을 얻을 수도 있다. 그러나 상대가 원하는 것이 무엇인지를 파악하여 그것을 확실하게 보장해주는 것, 그리고 정당하게 자신이 원하는 것을 요구하는 것도 매우 훌륭한 리더십이다. 게다가 만족도가 높은 방법의 하나다. 물론 '동기 요인'과 '위생 요인'을 잘 파악한

---

45) 이철기. 2010. "변혁적·거래적 리더십의 효과에 관한 한국과 중국의 비교연구", 『대한경영학회지』 제23권 제 6호 통권 83호: 3101-3124

다면, 그 효과는 더욱 좋을 것이다. 우리가 유재석의 리더십 사례에서 배울 수 있는 것은 그가 동료들이 원하는 것을 정확하게 주고 있다는 점이다. 그가 그것을 인식하고 주는 것인지, 혹은 그냥 열심히 할 뿐인지는 알 수 없다. 모든 일이 이론에 입각하여, 분석에 입각하여 일어나지는 않기 때문에, 어쩌면 유재석은 그냥 자신이 해야 할 일을 특별한 고민 없이 열심히 하는 것일지도 모른다. 그러나 그것은 분명 이론적으로도 타당한 방법이다. 우리가 자연스레 그렇게 하고 있지 못하다면, 이론적으로라도 유재석이 하는 방식을 알고 따라할 필요가 있다.

> 우리는 상대가 요구하고 있는 것을 주고 있을까? 아니면 그냥 달라고만 하고 있을까?
> 우리는 상대가 요구하는 것을 주고 나서 무엇을 받았는가? 혹시 그냥 주기만 하고 있는 것은 아닌가?

거래적 리더십은 아주 오래된 고전 리더십이지만, 고전이라서 낡은 것이 아니라, 오히려 가장 기본이 된다고 보는 것이 옳다. 유재석의 거래적 리더십에서 볼 수 있는 것처럼, 상대가 원하는 것을 파악해서 제시하고, 내가 원하는 것을 정확하고 자연스럽게 얻어내는 묘가 필요할 것이다. 핵심은 주는 것이다. 내가 상대가 원하는 것을 내놓고 흔들면, 상대는 쫓아오게 되어 있다. 유재석이 돈과 인기를 주지 않아도 동료들이 유재석을 따라오는 데에는 분명한 이유가 있다.

유재석 리더십

유재석의 리더십에 대해서 '솔선수범, 카리스마, 거래'로 나누어서 살펴봤다. 솔선수범의 리더십이라는 것은 자신을 낮추고 상대를 높이는 리더십이다. 동료들이 스스로 선택해서 팔로워가 되게끔 하고, 스스로 행동하게 한다. 카리스마 리더십은 이와 반대로, 동료들의 선택을 강제하고 행동할 것을 요구하는 리더십이다. 그러나 유재석의 카리스마 리더십은 이런 강한 카리스마보다는, 부드러운 카리스마에 더욱 크게 의존하고 있다. 명령이나 힘으로 동료를 이끌어가기보다는, 동료들의 자발적인 선택을 유도해서 끌어가는 방식이다. 거래적 리더십은 유재석이 단순히 동료들을 이끌어나가기만 하는 것이 아니라, 그에 상응하는 대가를 충분히 지불해준다는 것을 보여준다. 이를 통해 더욱 적극적으로 자신이 원하는 것을 상대로부터 받아낼 수 있고, 이렇게 받아낸 프로그램의 성공은 상대뿐만 아니라 유재석 자체의 가치도 높게 만들어준다.

정리하면, 유재석의 리더십은 동기 부여를 적극적으로 사용하는 '변혁적 리더십'과 실질적인 대가를 제시해주는 '거래적 리더십'을 모두 지니고 있는 복합형 리더십이라고 정의할 수 있을 것이다.

리더십에 대해서 공부를 하다 보면 절대적으로 좋은 리더십이 있는 것이 아니라는 것을 쉽게 깨달을 수 있다. 상황에 따라 좋은 리더십이 다르고, 효과적인 리더십이 다르기 때문이다. 일반적으로 좋은 리더십은 어떤 하나의 리더십만을 고집하는 것이 아니라, 상황에 따라 다양한 리더십을 섞어 사용하는 것이다. 성공적인 리더십은 상황에 맞는 리더십을 잘 선택함으로써 얻을 수 있다. 유재석의 리더십이 바로 이런 모습을 보인다. 유재석의 리더십은 필요할 때 필요한 방식으로 발현되고 있다. 아마 이 때문에 대중은 그를 좋은 리더로 여기는 것 같다.

유재석 리더십의 또 다른 특징은 다양한 리더십을 사용하면서도, 그 바탕에는 동료에 대한 배려가 항상 존재한다는 것이다. 리더로서 동료들을 높이고 보호하려는 의도가 그의 모든 리더십에 포함되어 있다. 아마 대중들은 이런 모습을 느끼고 있을 것이다. 따라서 다른 이들의 리더십보다 유재석의 리더십에 더욱 큰 호응을 보낼 것이다.

우리에게 리더란 위에 군림해서 밑을 끌고 가는 사람이라는 인식이 강하다. 하지만 유재석이라는 리더는 그렇지 않다. 자신이 더 열심히 일하고, 솔선수범하고, 남을 배려하고, 높여준다. 대신, 힘들 때는 강하게 이끌어가기도 하고, 팔로워들이 필요한 것을 정확하게 파악해서 제공해주기도 한다. 지금 우리에게 필요한 리더는 자기가 옳다고 생각하면서 막 앞으로 나아가고 팔로워들을 무시하는 리더가 아니다. 팔로워를 잘 아우르고, 팔로워를 배려하면서, 팔로워 스스로 앞으로 나아갈 수 있는 동기를 부여하고, 보상을 제공해주는 그런 리더일 것이다. 바로 유재석과 같은 리더다. 우리는 그로부터 우리가 원하는 리더, 그리고 우리가 되어야 할 리더의 모습을 구체화시킬 수 있다. 그를 배우고 싶은 욕심이 점점 더 커지는 것은 이런 이유 때문이 아닐까?

무도, 유재석의 리더십, 멤버들의 팔로우십

하나의 팀이 목표를 이루기 위해 나아가는 데 있어서 가장 중요한 것이 리더십이다. 이것은 분명하다. 목표를 잡고 그 목표까지 나아갈 수 있도록 팀의 방향키를 잡는 것, 바로 그 역할을 하는 것이 리더이기 때문이다. 그러나 언제나 리더십만으로는 아무것도 되지 않는다. 그 리더십에 발맞추어 나아갈 수 있는 팔로우십이 함께해야 비로소 하나의 팀은 자기들이 원하는 목표로 나아갈 수 있다. 그리고 '무한도전'은 비록 최고의 성과는 이뤄내지 못하더라도 최선의 성과를 꾸준히 내는 이유를 이 리더십과 팔로우십의 조화를 통해 그려낸다.

<u>유재석의 리더십</u>

리더십은 다양하다. 자신이 앞장서서 끌고 나가는 독재자형도 있고, 뒤 따라오는 이들과 대화하고 이해하고 배려해서 이들이 최고의 성과를 낼 수 있도록 자극하는 리더십도 있다. 독재자형이 더 좋은지, 뒤에서 뒷받침해주는 조력이 더 좋은지는 상황에 따라 언제나 달라지긴 한다. 하지만 최고의 리더라면, 저 두 가지 형태의 리더십을 자유자재로 구사할 줄 알아야 할 것이다.

그런 점에서 유재석은 탁월한 리더이다. 유재석은 보통 배려형 MC라고 여겨진다. 강호동이 이끌어나가는 타입이라면, 유재석은 자신이 한 발짝 물러나서 같이 나오는 멤버들을 배려하고 중재하는 방식의 프로그램 진행을 하기 때문이다. 하지만 유재석을 잘 살펴보면, 자신이 앞장설 필요가 없을 때는 뒤로 물러나 멤버들을 뒷받침해주는 조력형이 되었다가, 필요할 때는 자신이 전면으로 나서는 독재자형을 구분해서 사용한다. 특히 자신의 팀원들이 부족한 부분에서는 자기가 솔선수

유재석 배우기 4_ 유재석의 리더십   201

범하여 나서는 것이다.

　이런 리더십은 따르는 사람들에게 있어서 너무나 감사한 것이다. 자신이 잘하는 것은 잘 살려주고, 자신이 부족한 것은 리더가 앞장서서 메꿔주고, 더 나은 방향으로 이끌어가주기 때문이다. 그러면서도 채찍질과 조언을 아끼지 않아, 따라가는 입장에서는 비록 잘 못 하는 것이라도 최선을 다하게 하고, 잘하는 것은 더 잘하게 만들어준다. 이건 타고난 리더가 아니면 할 수 없다.

　'무한도전'멤버들에게 있어서 가장 약한 것은 실제로는 체력적인 일들이다. 몸에 관련된 것들. 봅슬레이, 레슬링, 조정 경기들이 그랬다. 이때 유재석은 탁월한 체력을 가지고 자신이 주인공이 된다. 다들 힘들어하고 있을 때 리더가 솔선수범하여 더욱 힘을 쓴다면, 나머지 멤버들은 더욱 이를 악물지 않을 수 없다. 조정 2,000m 연습 후에 녹초가 돼서 고개를 숙이고, 손이 아팠는지 손을 꼭 쥐어잡고 고개 숙이고 있는 리더 유재석의 모습과 물을 마시거나 혹은 이제 좀 살 것 같다는 표정을 지은 자신들의 모습을 보면서 숙연해질 수밖에 없는 것은 이런 이유다. 물론 누구도 농땡이 부리지 않았고, 누구도 대충 하지 않았다. 분명히 체력적 한계가 있었기 때문에, 그들은 제대로 조정을 해낼 수 없었다. 그건 사실이다. 그럼에도 불구하고 자기보다 더 많은 것을 쏟아부은 리더의 모습을 봤을 때, 멤버들은 더 열심히 해야겠다고 생각할 수밖에 없다.

　그러면서 동시에 유재석은 작은 목표를 만들어낸다.

　'져도 상관없지만 경합하는 패배'

　유재석은 도달 가능한 목표를 제시한다. 터무니없지 않은, 충분히 갈 수 있을 것 같은 목표. 멤버들은 이런 리더십에 저항할 수 없고, 따라갈 수밖에 없다. 스스로 솔선수범하며 도달 가능한 목표를 제시하고, 나머지 멤버들이 스스로 자신을 되돌아볼 수 있도록 조언하는 것, 이는 왜 유재석이 대한민국 최고의 MC이며 대한민국의 전설로 남을 예능 프로그램의 수장으로서 존재하는지를 보여주고 있다.

멤버들의 팔로우십

그러나 이런 유재석의 리더십도 제대로 된 팔로우십이 뒷받침되지 않는다면 말짱 도루묵일 것이다. 물론 이 팔로우십을 만들어내는 것도 유재석의 리더십이 가진 힘이다. 그는 멤버들이 그를 믿고 따라올 수밖에 없도록 만들었다. 그럼에도 불구하고 그 안에서 자신의 리더를 믿고 어떻게든 가보려 하는 팔로우십은 그 자체로 빛이 난다.

'무한도전'멤버들의 가장 큰 특징은 유재석의 리더십에 보조를 잘 맞춘다는 것이다. 유재석이 자신을 넘을 기회를 주면, 멤버들은 그 타이밍을 정확하게 판단해 유재석을 넘어선다. 리더에게 굴욕을 주는 것이 얼마나 재밌는지를 알고 있다. 그러면서 동시에 유재석이 자신을 따라오라 할 때는 또 따라간다. 그러나 그냥 순응하는 것이 아니라, 약간은 대립도 하고 약간은 울컥도 하고, 그러면서도 이내 그 길이 바르다고 생각하고 따라가는 것이다.

만약 '무한도전'이 예능이 아니었다면, 무조건 훌륭한 리더를 넘는 것도, 훌륭한 리더의 가르침에 살짝 대립해보는 것도 당연히 쓸데없는 에너지 소모일 뿐이다. 효율성을 위해서라면, 최고의 리더 밑에서는 그냥 그대로 리더가 시키는 대로만 가면 된다. 그러나 예능이라면 다르다. 대립도 하고, 울컥도 하고, 그렇게 자신의 감정을 보이는 것이 필요하다. 그러한 갈등이 바로 드라마가 되고, 이야기가 되고, 감동이 되는 것이다.

두려움에 떨던 길에게 "너 왜 이렇게 형을 못 믿니!"라고 말하던 유재석의 말에 감동을 느낄 수 있었던 것은 바로 길이라는 인물이 있었기 때문이다. 그리고 바로 이런 모습이 오히려 현실의 적나라한 모습임에 틀림없다. 그러므로 우리는 유재석에게 더 감동받았던 것이다.

'무한도전'이 현실과 살짝 다른 것은, 현실에서는 저런 대립을 통해서 비난과 미워 하는 마음, 싫어하는 마음 등이 생기고 반목이 생기는 경우가 많다는 것이다.

그러나 '무한도전'에서는 어느 누구도 유재석에게 그런 마음을 품지 않는다. 유재석이 자신의 이익이나 개인의 영달을 위해 멤버들에게 무언가를 요구하거나 조언하지 않는다는 것을 알기 때문이다. 이 리더의 말을 들으면 손해 볼 것 없다는 뿌리 깊은 믿음이 있기 때문에, 때로는 울컥해도, 결국은 유재석의 말을 철석같이 따르려 애쓴다. 이것이 '무한도전'멤버들의 팔로우쉽이다.

'무한도전'은 팀이다. 그리고 그 팀의 도전은 한동안 멈출 생각을 하지 않고 있는 것 같다. 비록 그들의 도전이 언제나 성공으로 끝나진 않겠지만, 그럼에도 그들은 최선의 모습을 보여줄 거라고 확신한다. 그것은 그들에게 있는 유재석의 리더십과 멤버들의 팔로우쉽이 그 자체로 훌륭한 것을 넘어서, 그 기반에 서로에 대한 신뢰가 깊이 박혀 있기 때문이다. 서로가 서로에게 갖는 신뢰가 없다면, 이 리더십과 팔로우쉽은 도저히 만들어질 수가 없다. 이 팀의 신뢰가 공고하고 강한 만큼, 누군가가 힘들면 버리는 것이 아니라, 그가 일어날 때까지 기다려주고 보듬어주고, 잘되면 함께 기뻐하는 순간이 멈추지 않을 그 순간까지 '무한도전'의 역사는 영원히, 도전은 무한히 지속될 것이다.

유재석 리더십, 모두를 감동시키다.

2011년 2월 13일

유재석이 난리다. 저번 주에는 '런닝맨'의 시청률 증가로 한번 칭찬받다가, 갑자기 '놀러와'시청률 적게 나왔다고 다시 유재석이 끝난 거 아니냐는 말도 안 되는 기사들이 나왔다가, '무한도전''동계 올림픽'편을 통해 바로 또 엄청난 찬양 글들이 나오고 있다. 일주일 새에 이 정도의 기사를 생성해내는 것만 봐도 역시 유재석은 일인자이다. 시청률이 문제가 아닌 것은 분명하다.

유재석 리더십을 파헤쳐보자.

나름 리더십 공부를 해온 사람으로서 예전에도 강호동과 유재석의 리더십에 대해서 얘기한 적이 있다. 강호동이 위에서 끌어오는 리더십이라면, 유재석은 뒤에서 올려주는 리더십으로 둘의 리더십을 비교했었는데, 이제는 그저 유재석만의 리더십에 대해 한번 이야기해볼 때가 되지 않았나 싶다. 그런 의미에서 그의 리더십을 '탁월한 능력', '비전 제시', '자기희생'의 3가지 챕터로 나눠 한번 살펴보자.

탁월한 리더

많은 사람이 리더에 대해서 얘기할 때 굉장히 잘못 생각하는 것이 한 가지 있다. 보통 리더는 어느 한 분야의 전문가는 아닐 것이라고 하는 생각이다. 즉 전체적인 것에 대한 시야는 있지만, 한 분야에 대한 확실한 전문가는 아닐 것이라는 편견이 있다. 이것은 재벌에 대한 우리의 인식 때문일 수 있다. 하지만 일부 재벌을 제외하면, 혹은 일부 재벌까지도, 보통 리더는 한 분야의 탁월한 전문가인 경우가 많다.

유재석 또한 그렇다. 그는 진행의 달인이다. 그가 만드는 웃음은 어쩌면 '개그 콘서트'의 그네들보다 못할 수 있다. 하지만 다른 모든 걸 떠나서 진행 능력 하나만큼은 대한민국 1위임에는 부정할 수 없다.

"사법고시를 준비하냐?"는 박명수의 말처럼, 그의 말은 청산유수이며 발음, 순발력, 전달력 모두 대한민국 최고다. 그리고 그 실력적 우월함은 모든 이들이 리더의 말에 더욱 귀 기울이고 리더의 말에 더욱 따라가게 하는 '존경'혹은 '위엄'을 만들어낸다. 리더는 이것이 없으면 안 된다. 이것이 없으면 모두 자기가 더 잘났다고 생각할 것이고, 그런 집단은 결국 망가지기 십상이기 때문이다.

그래서 박명수는 절대로 진행의 일인자가 되고자 애쓰지 않는다. 일인자를 노리는 것 같은 캐릭터로 웃음을 더 주겠다고 생각하는 것이다. 그러므로 어떤 경우에도 유재석은 중심이며 리더다. 다들 넘을 생각을 못 한다. 진정한 팔로우십은 리더를 쫓아가겠다고 마음먹을 때 나오지, 리더를 넘겠다고 생각할 때 나오지 않는다.

이번 '동계 올림픽'편에서 그는 가장 먼저 정상을 밟았다. 애초에 도움을 주면서 천천히 갈 수도 있었겠지만, 그는 가장 먼저 올라감으로써 리더의 능력을 보였고, 팔로워들에게 존경을 받도록 만들어낸 것이다. 내가 바로 일인자라는 것을 눈으로 똑똑히 보게 해준 것이다.

비전을 주는 리더

리더에게 있어서 비전 제시는 가장 중요한 임무 중에 한 가지다. 비전을 제시하지 못하는 리더는 리더가 아니기 때문이다. 그러나 이 비전 제시가 쉽지만은 않다. 너무 높은 비전을 제시해버리면 팔로워들은 나가떨어지기 쉽고,

그렇다고 너무 쉬운 비전을 제시하면 리더를 우습게 볼 수 있다. 그런 점에서 유재석은 가장 적절한 수준의 비전을 제시한다.

동계 올림픽 깃발 쟁탈에서 본 것처럼, 처음에는 '정상'이 목표였던 것을 살짝 낮춰서 '줄'까지만 닿으면 된다고 비전을 눈에 보이는 수준으로 낮춰주고, 그 다음에는 자신이 직접 밧줄을 잡으면서 아주 조금 더 비전을 낮춰주었다. 별 것 아닌 한 걸음 정도에 해당하는 길이지만, 결국 이를 통해 정준하와 박명수는 밧줄을 잡게 된다. 이는 프로그램 밖에서도 이어지는 유재석의 리더십이다. 그와 함께하면 적어도 망하지 않을 것이라는 사실을 사람들은 알고 있으며, 유재석은 그 상황 안에서 정확하게 어떤 것을 해야 하고 어떤 노력을 해야 하는지를 조율한다. 그냥 존재만으로도 비전을 보이게 해주는 것이다.

그러니 다들 유재석과 함께하면 뭔가 될 것 같다는 생각을 하게 된다. 허무맹랑하지 않은, 그러면서도 이루고 싶은 딱 적절한 수준의 비전을 제시하는 능력, 포기만 하지 말자며, 다 왔다고 바로 앞에 목표를 가져다주는 리더를 따르지 못할 팔로워는 없다.

자기희생

보통 그렇다. 리더는 편하고 팔로워는 힘들다는 인식이 우리에겐 깔려 있다. 회사만 봐도 자기 상사는 노는 것 같고, 나만 힘든 것 같다는, 밑의 사람만 죽어난다는 그런 생각을 안 한 팔로워가 어디에 있겠는가?

과거에 '한국전기초자'라는 회사가 있었다. 맥킨지라는 컨설팅 회사에서 생존 불가 판정을 받았고, 80여 일에 해당하는 극한 파업을 했던, 망하기 바로 전의 회사였다. 그런데 서두칠 회장이 새로 부임하면서, 이 회사 2년 만에 몇 배의 성장을 극적으로 이뤄냈다. 그리고 거기에는 서두칠 회장의 자기희생 정신이 가장 큰 역할을 했다. 그는 부임하자마자부터 3교대로 일하는 직원들을 모두 만나기 위해 밤을 새우고 사무실에서 거의 살다시피했다고 한다. 그런 사장을 보면서 직원들은 당연히 더 열심히 일할 수밖에 없었을 것이다. 자기의 리더가 밤새고 애쓰고 있는데 팔로워가 놀고 있다면, 그것은 팔로워의 자격 자체가 없는 것이다.

가장 먼저 정상에 도착한 유재석은 철저하게 자기를 희생했다. 자기가 먼저 내려가서 다른 이들을 도왔으며, 자기의 아이젠을 못 올라오고 있는 길에게 냉큼 던져줬고, 심지어는 내려갔다 다시 올라와서 길을 끌어올렸다.

리더의 자기희생은 결국 팔로워를 애쓰게 만들 수밖에 없다. 실제로 길은 정상을 오르기에 가장 부적합한 신체 구조를 가지고 있었다. 몸무게가 많이 나가는데 몸이 크지 않기 때문이다. 정준하 같은 경우에는 몸무게만큼 덩치가 있고 손발의 힘이 있기 때문에 버티지만, 길은 신체적으로 가장 오르기 부적합한 멤버였다. 그래서 이미 그는 두려움에 떨었을 것이다. 자기 때문에 미션 실패를 한다면 이미 꿔다놓은 보릿자루 대접을 몇몇 시청자로부터 받는 길로서는 감당하기 어려운 비난을 받을 것이 분명했기 때문이다. 그런 심정적인 두려움, 신체적인 한계는 그에게 거의 포기를 강요하는 듯했다. 그걸 막은 것은 리더의 자기희생이었다.

이 부분에서 유재석이 길에게 강력하게 "너는 왜 사람을 못 믿느냐?"라고 말하는 것을 듣고, 사람들은 유재석에게 터프한 면까지 있다고 열광했다. 하지만 실제 그 말은 터프함보다는 간절함이 더 컸던 것 같다. '길, 너 이것만큼은 진짜 해야 한다. 그러니 가자. 내가 돕는다. 가자.'라는 간절함에서 나온 말처럼 보였다. 어쨌든 리더의 자기희생은 결국 길을 움직인다. 최고가 자기를 위해 어려움을 감수하는데, 팔로워는 당연히 반응하는 것이 인지상정이다. 그렇게 그들은 정상에 모두 오르게 된다.

유재석의 리더십이 이것만은 아니다. 그가 가진 리더의 자질은 책을 한 권 써도 될 정도로 방대하다. 마치 예전에 『히딩크 리더십』이라는 책이 나온 것처럼 말이다. 그런 점에서 유재석은 정말 본보기가 되는 연예인이 아닌가 싶다. 특히 그의 모든 장점 중에서 단 한 가지를 뽑으라면, 그의 바탕을 이루고 있는 '인간 됨됨이'가 아닐까 싶다. 결국 이 근원적 자질이 다른 사람들이 그를 따르게 만들어주는 핵심 요소이기 때문이다.

어쨌든 누군가가 유재석의 가치를 깎아내리려 한다 해도, 그것은 헛된 일에 불구할 것이다. 그는 그저 그렇게 존재하며, 당당하게 존재하고 있다. 리더로서.

유재석 신께서 '런닝맨'을 살려내시다.

2011년 2월 7일

아마 많은 사람이 '패밀리가 떴다'를 기억하실 것이다. 2기 말고 1기 때, 즉 유재석, 이효리 등이 함께했던, 그래서 이효리에게 연예대상을 안겼던 그때의 '패떴'을 떠올리면, 당신은 무슨 생각이 나는가? 거의 100% 매우 재밌는 일요일 밤의 강자였고, 시청률 1위였다는 찬란한 역사를 떠올릴 것이다. 그러나 실제로 '패밀리가 떴다'가 첫 방송 될 때 방송에 대한 평은 형편없었다. 기본적으로 재미 없다는 반응이 대부분이었으니까. 그런데 어느 순간부터 캐릭터가 잡히기 시작하더니, '패밀리가 떴다'가 동시간대 최강자로 군림하게 되었다. 그리고 일단 한번 최강자로 군림하자, 매우 오랫동안 최강자의 자리는 그대로 유지되었다.

어느새 유재석은 국민대표 MC를 넘어 예능계의 절대자로 군림하게 되었다. 그렇게 되기까지 '패밀리가 떴다'가 미친 영향은 굉장히 컸다. 그리고 그런 그가 새롭게 '런닝맨'을 시작하게 되었다.

이제부터는 최근의 일이기 때문에 다들 기억할 것이다. '런닝맨'은 표류했고, 기사들은 '유재석 무너지다'와 같이 유재석도 이제 안 된다는 식으로 유재석을 공격했다. 아니, 공격이라기보다는 흥미를 위한 당연한 반응이었을 것이다. 오히려 그런 기사에 팬들이 "시작한 지도 얼마 안 됐다."며 쉴드를 쳐주는 상황이 발생했다. 그리고 꽤 오랜 시간이 지난 지금 '런닝맨'은 자체 최고 시청률을 경신해가며 '해피선데이'를 추격하고 있다.

유재석이 시작

유재석은 항상 그랬다. 예능 버라이어티에서 그는 처음부터 대단한 성공을 만들어내지는 못했다. '무한도전'이 그랬고, '패밀리가 떴다'도 그랬고, '런닝맨'도 그랬다.

보통 그가 처음 프로그램을 맡으면 그때부터 프로그램은 아주 조금씩의 개정이 들어가면서, 결국은 가장 재밌는 완전체 형태를 찾아내게 된다. 즉 그는 치열한 고민과 반성을 기본으로 하여 과할 정도로 프로그램에 몰두하고 있다는 것이다. "회의 한 번만 더 하자."는 말을 정말 많이 한다는 유재석의 스타일이 그대로 묻어나는 것이다. 그러니 PD들이 유재석과 같이한다는 것만으로도 안도할 수밖에 없다.

게다가 유재석은 캐릭터를 잡기에 가장 능한 연예인이다. 자기의 캐릭터뿐만 아니라, 같이 등장하는 동료들의 캐릭터를 잡아줌으로써 그들이 프로그램에 안착하게 한다. 일반적으로 하하, 김종국 급의, 유재석과 오랫동안 함께했던 사람들을 제외하면, 버라이어티를 많이 하지 않은 출연자는 프로그램 안에서 자리 잡기가 힘든 것이 사실이다. 어떤 식으로 반응해야 할지, 자기가 어떤 역할을 할지 가장 복잡한 것이 버라이어티이기 때문이다. 카메라가 한 대도 아니고, 자기가 무언가를 해야 할 시기나 방법이 정해져 있지도 않기 때문이다. 상황이 던져지고 그 안에서 최대한 자기 분량을 뽑아내고 재미를 주려면, 자기 스스로 프로그램 안에서의 자기 정체성을 뚜렷이 해야 하는데, 이것이 무척 힘든 일이다.

유재석은 그것을 대신 잡아준다. 옆에서 계속 반응하면서 캐릭터를 잡아주고, 강화해주거나 변경해주는 식으로 가장 최적화된 캐릭터를 구축한다. 그리고 알다시피, 일단 캐릭터가 잡히면 출연자는 그 캐릭터에 자기의 반응을 한정시킬 수밖에 없기 때문에, 프로그램 안에서 일관성을 느끼게 하면서 다른 캐릭터들이 쉽게 대하고 반응할 수 있게 해준다. 즉 버라이어티에서 캐릭터란 자기를 위해서도, 그리고 자기와 반응해서 무언가를 만들어내려 하는 상대에게도 중요한 요소다. 그걸 유재석이 하고 있다.

현재 '런닝맨'은 그런 캐릭터가 잡혀감으로써 안정을 찾고, 서로에 대한 리액션이 점점 강해지는 상황이다. 그러므로 '런닝맨'의 시청률 상승은 당분간 이어질 가능성이 높다. 일단 캐릭터만 잡히면 유재석 표 버라이어티는 상상을 초월할 정도로 재밌어진다.

유재석이 끝

이 캐릭터를 유지하는 것 또한 유재석의 몫이다. '패밀리가 떴다'는 캐릭터의 고정이 한계로 작용했고, 더는 재미를 줄 수 없게 되었다. 캐릭터의 고정이 너무 강하면 지겨워지는 것이 사실이기 때문이다. '무한도전'이 살아남을 수 있었던 것은 기본 캐릭터 위에서 캐릭터를 꾸준히 변화시키고, 게다가 매번 새로운 아이템을 주었기 때문이다. '패밀리가 떴다'의 경우에는 새로운 아이템이 없었고, 캐릭터를 꾸준히 변화시키지 못했던 안타까움이 있다. 이런 과제를 유재석이 어떻게 풀어갈 것인지가 '런닝맨'의 후반기 고민이 될 것이 분명하다. 만약 잘 풀어가면 '런닝맨'은 장수할 것이고, 그렇지 못하면 2~3년 정도로 끝날 수도 있다.

부활? 죽은 적이 없거든요.

'런닝맨'의 시청률 상승을 두고 누군가는 '유재석의 부활'이라고 이름 붙이겠지만, 나는 전혀 그렇게 여기지 않는다. 부활하려면 죽었어야 하는데, 유재석은 죽은 적이 없다. 단순 시청률로 치더라도 유재석이 죽었다고 말할 수는 없다. 오히려 나는 유재석의 실력 자체가 최절정기에 있다고 여긴다. 그는 하던 대로 하고 있었을 뿐이다. 단지 그것이 이제는 조금 더 유려해져서, 남들은 절대로 하지 못하는 그만의 것이 더욱 강해지고 있다고 느껴진다. 그의 역량은 지금 최고다. 그러나 부활 운운하는 거 참 부끄럽다. 그는 제왕이었고, 여전히 제왕이다. 그는 최고다.

유 재 석   배 우 기

우리는 유재석에게
무엇을 배울 수 있을까?

X|금까지 나는 우리가 유재석에게 배울 수 있는 것들을 간단하게 4가지 영역으로 분류해서 말했다. 말, 자기관리, 인성, 그리고 리더십. 이렇게 4가지가 내가 전달한 내용이다. 이 내용을 다시 또 각각 세분화시켜 조금 더 자세하게, 그리고 쉽게 받아들일 수 있도록 풀었다. 유재석에게 배울 수 있는 것들을 전달하고자 결심했을 때, 가장 중요한 일은 유재석에게 배울 수 있는 것들을 어떻게 잘 분류하고 정리하느냐 하는 것이었다. 잘 보면 알겠지만, 그의 말이 그의 리더십과 관련되어 있고, 그의 리더십은 또 인성에도 관련되어 있다. 한 사람에 대한 이야기이다 보니, 각각의 내용이 각각의 내용에 영향을 끼치는 것이 당연했다. 그래서 이것들을 최대한 쪼개서 분류할 수 있게 만들어야 했고, 그 내용이 서로 겹치지 않도록 해야만 했다. 사실 쉽지 않은 일이었지만, 지금 분류해놓은 형태, 그리고 그 안에서 정리한 것에 대해서는 상당히 만족하고 있다. 하지만 동시에 이렇게 유재석에게 배워야 할 것을 분류해서 전달하는 것이 그에게서 배워야 할 가장 핵심적인 것을 놓치는 방식일 수도 있다는 우려 또한 있었다. 우리가 유재석에게 배워야 할 것이 어떤 리더십 기술 하나, 화술 기법 하나라면

너무 지엽적인 것은 아닌가? 하는 의문이 들었기 때문이다. 나는 그에게서 배울 수 있는 것이 하나의 기술이나 기법을 넘어서, 더욱 크고 더욱 보편적인 것이라고 생각했다. 그래서 마지막으로 그것을 전달해보려 한다.

우리가 유재석에게 진정으로 배워야 하는 것은, 유재석의 모든 것의 바탕에 존재하고 있는 세 가지의 아주 기본적인 요소이다. 위에서 살펴본 모든 내용이 사실은 이 세 가지의 기본 바탕에 그 뿌리를 두고 있다. 그렇기에 이 세 가지를 배우는 것이 가장 중요하고, 가장 효과적이며, 가장 필요한 일이다. 유재석의 모든 장점의 바탕에 있는 세 가지는 바로 성실함, 능력, 인품이다.

성실함

그는 성실하다. 그가 성공을 위해 얼마나 노력해왔는지는 이미 위에서 밝힌 바 있다. 그는 매우 오랜 무명시절을 거쳤고 그러는 동안 방황하기도 했지만, 결국 무대 공포증을 이기기 위해서, 그리고 방송을 더 잘하기 위해서 방송을 녹화해 돌려보면서 계속 연습했다. 방송 출연을 하지 못하는 상황에서도 꾸준히 자기 발전을 위해 노력할 수 있다는 것은 성실함이 없이는 불가능한 일이다. 그는 자기가 내일 할 방송 걱정에 제대로 방송 준비를 하지 못했고, 결국 실수를 범했다고 이야기했었다.[46] 하지만 다른 곳에서 그는 토크가 대세가 될 것을 알고 열심히 이를 준비했었다고 이야기하기도 했다. 그는 무엇이 문제인지를 알고 나서, 매우 열심히 자신의 부족함을 메우기 위해 노력했다.

원래 사람은 어려운 시기를 겪을 때 성실함을 발휘하기 힘들어진다. 불안하기 때문이다. 내가 하는 모든 노력과 성실함이 물거품이 될지도 모른다는 근원적인 공포는 차라리 모든 것에서 손을 내려놓기 더욱 쉽

---

46) KBS '인간의 조건', 허경환과의 대화 중

유 재 석   배 우 기

도록 만들어버린다. 그렇게 하면 내가 쏟는 노력과 성실함이 배반당하지 않을 테니까. 하지만 그럴 때일수록 더욱 성실해져야 한다는 것은 우리 모두가 아는 것이다. 손을 놔버리는 순간 그 실패의 늪에서 다시 나올 수 없다는 것은 너무나 자명한 사실이다. 유재석은 손을 놓지 않았다. 처음 데뷔한 1991년부터 처음으로 상을 받은 2003년까지, 그는 12년을 보냈다. 성실하게. 그 보상 없는 성실함을 꾸준히 이어간 것만으로도 그는 찬사를 받을 가치가 있다.

그뿐이 아니다. 모두가 인정할 정도로 유재석은 방송 기계이다. 방송인으로서 방송에 가장 성실하게 임한다. 다른 연예인들은 해외 촬영을 나가면 시간을 내서 밖으로 나가서 구경도 하고 관광도 하는데, 유재석은 방안에 처박혀서 나올 생각을 하지 않는다고 한다. 방안에 틀어박혀서 방송 준비를 하는 것이다. 해외까지 나왔으니까 더 열심히 자기 일에 최선을 다하는 것이 유재석이다. 또한 사람들이 힘들어할 정도로 열심히 회의하고 계속해서 방송의 발전을 위해 애쓰는 것도 유재석이다. 오죽했으면 같이 여행 가기를 두려워하는 제작진이 있었을까? 카메라가 돌아가는 이상 제대로 쉬지도 않고, 어떻게 해서든지 재미를 만들어내려고 노력하는 모습을 한결같이 보여주는 것을 보면, 그가 얼마나 성실한지를 쉽게 알 수 있다.

많은 사람이 성공을 거두면 누리길 원한다. 특히 유재석처럼 성공할 때까지 너무나 오랜 고난의 시간을 보낸 사람이라면 더욱 그렇다. 그런데 그는 뜨고 나서도, 대스타가 되고 나서도, 더욱 성실하게 자신이 맡은 일을 해나가고 있다. 그 성실함이 그가 10여 년을 최고의 자리가 있도록 만들어준 바탕임을 누구도 부인할 수 없다.

게다가 그는 새로운 일을 벌이지 않는다. 그저 자신의 업인 방송만을 열심히 할 뿐이다. 그는 새로운 사업을 하지도 않고, 새로운 영역으로 진출하지도 않는다. 그저 자신이 맡은 예능에 충실히 임할 뿐이다. 물론 사업하는 연예인들을 비난하는 것은 아니다. 부업하는 것은 절대 잘못이 아니고, 능력만 된다면 충분히 해도 된다. 그러나 만약 부업에 실패한다면 평상시처럼 방송하기 어려울 것이고, 성공한다고 해도 방송에 성실히 임하지 못할 수도 있다. 부업을 잘못하다가 법정 소송이라도 들어가는 날에는 방송에 막대한 지장을 초래할 수 있다. 다른 영역으로 진출하는 것이 나쁜 것은 아니다. 연기자가 예능에 나올 수도 있고, 예능인이 드라마에서 연기할 수도 있다. 그것은 연예인으로서 스스로의 생명력을 늘리는 꽤 좋은 방법이기도 하다. 성공적으로 했을 경우 대중은 매우 좋은 만능 엔터테이너를 얻을 수도 있다. 하지만 제대로 해내지 못할 경우에는 영역 침범에 대해서 상당히 냉정한 평가를 받을 수도 있다. 대중은 영역을 침범했을 때, 확연히 잘하지 않으면 비난하는 경향이 있다. 따라서 다른 영역으로 진출하는 것도 욕먹기 딱 좋은 일이다. 그런데 유재석은 이런 위험 부담을 하나도 지지 않고 성실하게 자기 방송만 한다. 이것의 그의 가치를 더욱 높이는 것은 두말할 나위가 없다.

유재석의 성실함은 자기 관리, 혹은 자기 발전을 위해서 매우 큰 역할을 하고 있다. '무한도전'이 파업 때문에 방송을 못 해도 방송 녹화일에 나가 새로운 것을 배우고 아이디어 회의를 하는 것을 보면, 그가 얼마나 성실한지 극명하게 드러난다. 게다가 그의 성실한 모습은 같이 일하는 동료들도 더 열심히 하게 만드는 효과를 지니고 있다. 위에 말했던 것처럼, 자신이 먼저 나서서 열심히 하고 성실하게 방송에 임하기 때문에 동료들도 따를 수밖에 없다. 그래서 유재석의 최대 강점은 바로 성실함이다. 그의 능력이 발전한 것도, 그가 방송을 오랫동안 할 수 있는 것도, 그가 동료들에게 인정받는 것도 그 근본에는 성실함이 자리 잡고 있다. 매번 방송에 늦고, 대본은 보지도 않고 주먹구구식으로 활동하는 연예인이 있다. 그런데 이 연예인은 정말 최고로 재있다. 재미로만 따지면 아마 유재석보다 한 수 위일 것이다. 그런데 다른 연예인들이 이 연예인을 존경하지도 않고, 이 연예인을 배워야겠다고 여기지도 않는다. 그냥 이 연예인은 재있을 뿐이다. 국민 MC냐 그렇지 않으냐는 사실 재미 그 자체에 있는 것이 아니다. 실력과 동시에 남들이 인정할 수 있는 성실함이 함께 있었기 때문에 유재석은 국민 MC가 될 수 있었다.

능력

유재석의 또 한 가지 기본 요소는 능력이다. 그가 성공한 이유, 그리고 오랫동안 일인자의 위치에 있을 수 있는 이유는 그가 능력을 지니고 있기 때문이다. 그는 뛰어나다. 이 부분을 간과해서는 안 된다. 기본적으로 능력을 갖추고 있기 때문에 그의 모든 행동이 인정받을 수 있고 빛을 발하는 것이다. 물론 이러한 능력들은 그가 가진 성실함 덕분에 얻어졌다. 위에서 말한 것처럼 무명일 때부터 꾸준히 방송을 준비해왔고, 성공하고 나서도 개인의 발전을 게을리하지 않고 있다. 분명히 '무모한 도전'때만 해도 약골이었고, 이를 활용해서 웃음을 주고 인기를 끌었던 유재석이지만, 어느 순간부터는 체력을 바탕으로 하여 굉장히 어려운 미션을 멋있게 수행해나가는 방식으로 다시 인기를 끌고 있다. 그런 모습을 보면 그가 대중의 성향을 빠르게 파악하고, 자신이 어떤 방식으로 나가야 할지를 꿰뚫어봤다는 것을 알 수 있다. '무모한 도전'이 아닌, 무언가 가치 있는 도전을 하기 시작하면서 힘없고 체력이 부족해서 허무하게 무너지는 것보다는, 제대로 도전하고 멋진 모습을 보여주는 것이 설령 실패하더라도 더욱 큰 재미를 줄 수 있다는 것을 알았기 때문에 그는 더욱 열심히 체력을 기른 것으로 보인다. 이 체력 또한 그의 능력이다.

그는 무명시절 말을 잘하는 능력을 얻기 위해 성실히 노력했고, 이제는 체력이라는 좋은 능력 또한 얻게 됐다. 사실 몸이 좋아지면서 외모도 같이 좋아지는 효과도 얻었다. 비록 장동건처럼 잘생긴 것은 아니지만, 꽤 멋진, 그리고 옷발이 잘 받는 '외모'라는 능력도 얻게 된 것이다. 그러니까 그는 일단 갖추고 있던 능력만 믿고 노력을 게을리하지 않았다. 가지고 있는 능력에 더해서 계속 무언가를 더 채워넣으려 애썼고, 결과적으로 그는 오랫동안 대중의 사랑을 받을 수 있었다. 이제 그는 과거의 메뚜기가 아니다. 그는 열심히 체력을 길렀고, 외모를 꾸몄고, 그리고 수많은 책을 읽었다. 어떤 도전 과제가 주어지든 간에, 최선을 다해 그 도전들을 하면서 프로그램과 함께 자신을 발전시켰다. 그렇게 그는 자신의 능력을 꾸준히 발전시켜온 것이다.

유재석을 보면서 이런 이야기를 하는 사람들이 많다. 과거의 유재석하고 크게 달라진 것은 없는 것 같은데, 유재석이 매우 좋아졌다고 말이다. 그런데 사실 유재석은 많이 달라졌다. 그는 능력을 계속 키워왔으니까. 바로 그것이 유재석이 멋있어진 이유고, 대중들이 더 사랑하는 이유고, 그가 장수하는 비결이다. 가지고 있는 재능을 더욱 발전시키고 능력을 더 키우는 것, 그것이 지금의 유재석을 만든 가장 기본적인 요소 중의 하나이다.

인품

마지막으로 인품을 말할 수 있다. 유재석의 인품에 대해서는 더 말할 필요가 없을 것이다. 그는 기본적으로 바른 사람이다. 죄를 짓지 않는다. 잘못할 만한 행동을 하지 않는다. 그는 크게 문제될 만한 실수도 하지 않는다. 이것은 그가 바른 사람으로 지낼 수 있기 위해 철저하게 스스로를 관리하기 때문에 가능한 일이다.

그는 술을 마시지 않는다. 유흥을 즐기지도 않는다. 그가 하는 것이라고는 친구들과 만나서 커피를 시켜놓고 몇 시간씩 수다를 떠는 것뿐이다. 그가 정말로 처음부터 술을 마시지 않았고, 클럽 같은 곳에는 가지도 않았을까? 그렇지는 않을 것이다. 단지 그는 어렵게 이룬 성공이 그런 하찮은 것들에 의해서 무너지는 것이 싫었을 뿐이다. 그는 오랜 무명시절을 거쳐 몹시 어렵게 성공했다. 그 성공에 비하면 술을 마시고 클럽에 가서 노는 그런 재미는 정말 하찮을 수밖에 없다. 많은 이들이 그 하찮은 재미 때문에 자신이 이룬 모든 성공을 날려버릴 위기에 처하곤 한다. 물론 술을 마시고 클럽에 간다고 해서 모두 문제가 생기는 것은 아니다. 그러나 문제가 생길 가능성은 존재한다. 술을 거의 마시지 않던 노홍철을 보면 우리는 이를 쉽게 알 수 있다. 과거의 노홍철이라면 상상할 수도 없는 일이었다. 사람이라면 아무리 완벽해도 언제나 틈이 생기기 마련이다. 유재석은 그 틈이 생길 가능성 자체를 차단해버렸다. 공인으로서 도덕적으로 문제가 생길 수 있는 여지는 애초에 차단해버리겠다는 의지와 그것을 실천하는 것을 보면, 어째서 유재석이 국민 MC일 수밖에 없는지를 알 수 있다.

또한 그는 남을 배려할 줄 안다. 기본적으로 그는 자기를 높이기보다는 낮추고, 상대를 낮추기보다는 높이는 인품을 지니고 있다. 언제나 남의 처지에서 생각하고 남의 입장에서 판단해준다. 따라서 그와 함께 방송하는 사람은 자신이 계속 높아지는 것을 느낄 수밖에 없고, 유재석과 같이 방송하기를 원할 수밖에 없다. 과거 강심장에서 이승기의 진행을 칭찬한 연예인이 있다. 그 연예인은 지금 대한민국에서 남을 비난하거나 밟지 않고 착하게 진행하는 연예인이 유재석과 이승기 둘밖에 없다고 말했다. 유재석은 그렇게 남을 배려하고, 남을 포장해준다. 남들보다 자신을 더 희생하고, 더 열심히 방송한다. '무한도전'을 보면, 어려운 일에는 유재석이 솔선수범하여 나서는 경우가 많다. 배려하는 것이다.

유재석의 배려는 일반 시민들에게도 적용된다. 힘들어하는 할머니를 돕고, 뒤에서 좋은 일을 하며, 촬영 중에도 시민들에게 일일이 감사와 죄송함의 말을 건넨다. 자신이 혹여 남에게 피해를 주고 있는 것은 아닌지 항상 걱정하는 것이다. 이런 유재석의 행동을 본 어떤 관계자는 유재석은 '착한 사람 병'에 걸린 것 같다고 말하며 진심으로 걱정하기도 했다. 그는 남이 보기에는 병으로 보일 정도로 다른 사람을 배려하고 챙긴다. 그것이 그의 인품이다.

　유재석이 지니고 있는 어떤 위엄, 권위는 바로 이 3가지 기본 요소들 덕분에 나온다. 성실함, 능력, 인품이 모두 있기 때문에 그는 '유느님'이라고 불릴 수 있고, 최고로 남아 있을 수 있다. 만약 이 중의 하나라도 부족했다면, 그는 그냥 훌륭한 MC 정도로 남았을 것이다.

　그래서 우리가 배워야 하는 것은 그의 성실함과 능력, 그리고 인품이다. 재밌게도 이 세 가지는 이미 우리가 어렸을 때부터 부모님에게 배운 것들이다. 부모님께서는 항상 "성실해야 한다. 능력을 갖춰야 한다. 바르게 살아야 한다."고 말씀해주셨다. 유재석은 이 말대로 하고 있을 뿐이다. 결국 우리가 유재석으로부터 배울 수 있는 것은 그 옛날 어른들이 가르쳐준 그것이다. 그래서 진리는 언제나 단순하다는 이야기가 있나 보다.

　유재석은 배운 대로 하고 있다. 그렇다면 우리는 어떨까? 그 옛날 나의 부모님이 가르쳐준 대로 하고 있을까? 그렇게 살고 있을까?

　우리는 어떨까?

유재석의 시대는 과연 끝일까?

2014년 12월 4일

시대가 변했다. 지상파의 굳건한 지위는 조금씩 약해져, 이제는 케이블과 어깨를 나란히 하는 수준이 됐다. 올 한 해 최고의 화제를 모았던 드라마나 예능 프로그램 모두 비 지상파 방송국이 제작한 것임을 확인하면, 지상파의 지위가 얼마나 하락했는지 알 수 있다. '꽃보다 시리즈', '마녀사냥', '비정상회담', '삼시세끼', '히든싱어'등의 예능 프로그램과 올해 최고의 드라마라고 주저 없이 선택할 수 있는 '미생'이 모두 비 지상파 방송을 통해 제작된 것이다. 물론 비 지상파가 지상파를 넘은 것은 아니다. 여전히 지상파의 시청률 동원력은 막강했으니까. 하지만 예능으로만 범위를 한정하면, 이제 지상파의 예능은 비 지상파의 예능에 추월을 허용한 것으로 보인다.

그래서 지상파에서만 활동하고 있는 연예인들의 활약상은 조금 부족해 보인다. 대표적으로 유재석이 그렇다. '런닝맨'의 시청률은 지상파 내의 경쟁에서도 밀리고 있고, '해피투게더'의 시청률 또한 계속 낮아지고 있는 추세. '나는 남자다'는 시즌제의 벽에 가로막혀 결국 20회로 마무리될 것으로 보이고, '무한도전'은 여전히 위용을 갖추고는 있지만, 길과 노홍철의 잇따른 탈퇴로 많이 힘이 빠진 것으로 보인다. 비 지상파의 비상과 지상파의 후퇴, 그리고 그런 상황 안에서 지상파 내에서도 시청률을 지키고 있지 못한 상황을 보면, 확실히 유재석의 시대는 점차 저물고 있는 것처럼 보인다.

유재석이 시청률을 지키지 못한 가장 큰 이유는 예능 프로의 유행이 바뀌었기 때문이다. '아빠 어디 가'로 시작된 관찰 예능의 인기가 지속되면서, 리얼 버라이어티가 갖는 힘이 점차 줄어들었다. 또한 다수의 고정 게스트가 모여서 하나의 자극적인 주제를 갖고 이야기를 나누는 주제 형 토크쇼의 인기는 유재석이 하는 게스트 초대 형 토크쇼의 인기를 쉽게 넘어섰다. '나는 남자다'로 주제 형 토크쇼에 참여했지만, 주제 형 토크쇼의 핵심은 자극적인 주제와 자극적인 멘트라는 점에서 KBS는 조금 적절하지 못한 방송사였던 것으로 보인다. 물론 시간이 지나면서 자리를 잡아 가고는 있지만, 빠르게 격한 반응을 이끌어내지는 못했다. 결국 유재석이 주력으로 활동하는 리얼 버라이어티와 초대 형 토크쇼가 모두 예능의 유행에서 조금 멀어진 것이다. 그렇기에 항상 새로운 것을 시도하는 '무한도전'만이 겨우 선방하고 있을 뿐이다.

이런 상황에서 유재석 위기론이 나오는 것은 당연하다. 그리고 꽤 타당하다. 하지만 나는 세 가지 이유로 그의 위기론에 반대한다. 첫 번째는 예능의 유행이 돌고 돈다는 것이다. 지금 유행하고 있는 관찰 예능이 처음 유행하는 것처럼 보이지만, 우리는 이미 십여 년 전에 'god의 육아 일기'를 보고 자란 세대다. 유행은 돌고 돈다. 관찰 예능이 얼마만큼 그 유행을 이어갈지는 모르나, 언젠가는 사그라질 가능성이 높다. '아빠 어디 가'가 벌써 종영을 앞둔 것만 봐도 이를 알 수 있다. 한때 크게 유행했던 소개팅 콘셉트의 프로그램이 다 사라진 것을 보면, 예능의 유행이 얼마나 무서운 힘을 지니고 있는지 알 수 있다. 다만 이 유행에서 빗겨나 계속 버티고 있는 장르가 있는데, 바로 리얼 버라이어티다. '일요일 일요일 밤에-이홍렬의 한다면 한다'부터, 리얼 버라이어티는 꾸준히 사랑받아왔다. 형태만 계속 바꾸면서. 유재석이 회의를 좋아하고 상황에 꽤 유연하게 대처하는 인물임을 생각해보면, 그의 리얼 버라이어티는 살아남을 확률이 높다.

두 번째는 그가 비 지상파에 진출하지 않았다는 것이다. 예전이라면 비 지상파에 진출하면 한물간 것처럼 생각하겠지만, 이제는 아무도 그런 생각을 하지 않는다. 오히려 유재석이 비 지상파에 진출한다면, 그것을 기대할 사람은 너무나 많다. 비 지상파는 지상파에 비해 더 많은 표현의 자유를 지닌다. 원래 격하고 강한 것들, 조금 더 자극적인 것들이 더 재밌는 점을 생각해보면, 유재석이 비 지상파로 갔을 때 줄 수 있는 다양함과 재미는 더 클 것이라고 여겨진다.

유재석은 '빨간 비디오'의 마니아였던 것으로 알려졌으며, '나는 남자다'를 통해 신동엽 못지않게 그쪽에 대한 잠재력을 지니고 있음을 드러냈다. 아주 강할 필요는 없지만, 아주 살짝 수위를 높이는 것만으로도 유재석은 다시 한 번 시청자들에게 큰 재미를 안겨줄 수 있을 것이다.

세 번째는 그가 유재석이기 때문이다. 개인적으로 올해 최고의 예능인을 뽑으라면 나는 나영석 PD를 뽑는다. 그가 만든 대박 예능 '꽃보다 시리즈'와 '삼시세끼'의 진짜 주인공은 나영석 PD라고 생각하기 때문이다. 그러나 그를 제외하고 한 명 고르라면, 신동엽을 골라야 할 것 같다. 그는 확실히 올 한 해 가장 바쁜, 그러면서 가장 많은 인기를 얻은 존재다.

신동엽이 다시 한 번 이렇게 최고의 활약을 하기 전에, 방송에 잘 나오지 못하고 힘들어했던 시절이 있었다. 그는 부침을 겪었으나, 보란 듯이 부활했다. 이유는 단순하다. 실력이 있었기 때문이다. 실력이 있는 존재들은 오래간다. 이경규가 다시 한 번 대상을 받았던 것도 이경규의 실력이 남아 있었기 때문이다. 그렇기에 나는 언젠가 강호동이 다시 최고의 위치에 오를 수 있다고 여긴다. 그는 수년간 최고였고, 확고한 실력을 지니고 있기 때문이다.

유재석의 위기론이 나에게 큰 의미가 없는 것은 그가 내게 있어서는 최고의 실력을 지닌 연예인이기 때문이다. 그가 비록 잠시의 부침을 겪을지언정, 그는 보란 듯이 다시 최고의 위치에 설 것이다. 끊임없이 자기를 개발하고 끊임없이 노력하는 그에게 지금은 비록 내려가는 길밖에 보이지 않겠지만, 그 힘을 받아 다시 올라올 길이 있다는 것은 자명하다.

유재석은 이미 내리막을 준비하고 있다. 그는 '무한도전'에서 이미 그러한 속내를 보인 바 있다. 하지만 내리막을 준비하고 있는 사람은 쉽게 내려오지 않는다. 나는 그래서 아직 유재석을 위기라고 생각하지도 않는다. 그래서 위기론 자체에 반대하는 것이다. 그러나 설령 정말로 유재석이 더 이상 지금처럼 사랑받지 못하더라도, 나는 그가 내리막을 준비했던 것처럼, 다시 성실하게 오르막을 준비할 것이라고 여긴다. 그것이 유재석의 모습이기 때문이다.

유재석 위기론은 있겠지만, 유재석은 굳건할 것이다. 만에 하나 그가 다시 지금의 명성을 찾지 못할 정도로 내려앉더라도, 유재석은 그대로 굳건할 것이다. 그는 이미 대한민국 예능계의 전설이며, 최고의 위치로 한 시대를 지배했기 때문이다. 이미 그는 역사다.

마치며

●

당연한 것을 하면서 살기란 참으로 어렵다. 뻔히 아는 것인데 그것을 행동으로 옮기면서 살아가는 것이 왜 이렇게 힘든지 나도 잘 모르겠다. 내가 유재석을 보면서 감탄하는 것은 바로 이 부분이다. 그의 돈도, 그의 리더십도, 그의 능력도, 그의 인기도 아니고, 그가 당연히 해야 할 것을 하면서 사는 그 모습에서 가장 큰 감동을 느낀다.

이 책을 쓰면서 가급적이면 분석적으로, 가급적이면 딱딱하게 쓰려고 노력했다. 그래야 이 책이 지닌 내용이 더욱 설득력 있게 다가갈 수 있다고 생각했기 때문이다. 내가 너무 편향되어 유재석을 찬양하는 식으로 썼다면, 이 책은 그저 한 팬이 쓴 복음서 같은 것에 불과할 것이라는 생각도 들었다. 따라서 글을 쓰는 내내 이론적이고 전문적이기 위해 애썼다. 그런데 이제 와서 보니 그렇게 하지 못한 것 같아서 오히려 죄송한 생각이 든다. 쓰다 보니 결국 찬양서가 되었고, 복음서가 되었다.

대한민국에서 이렇게 오랫동안 한결같이 문제를 일으키지 않고 최고의 위치에 오른 사람이 있는지 생각해보면, 나는 딱히 떠오르는 사람이 없다. 그만큼 그는 독특한 존재이고 특별한 존재다. 그런 존재에 대해서 한번 살펴보는 것은 분명히 의미가 있다고 생각한다. 그래서 쓰게 된 책이니 그에 대한 찬사의 느낌이 책 전반에 스며 있는 것은 어쩔 수 없는 것 같다. 그런 사람 또 없다는 말을 변명 삼아 내 글의 부족함을 슬쩍 감춰보려 한다.

이 책에 나와 있는 내용은 하나하나 익혀두면 다 도움이 되는 것들이다. 화술도 그렇고 자기관리에 대한 내용도 그렇다. 인성과 리더십도 마찬가지다. 또한 보편적이고 대중적이라, 누구든지 얻을 수 있고 익힐 수 있는 것들이다. 유재석이라는 한 인물을 토대로 했을 뿐, 그 안에 있는 내용은 유재석에 대한 언급 없이도 충분히 가치가 있는 이야기이다.

내 개인적인 바람이라면, 부디 이 내용이 단순히 유재석이라는 인물에 대한 정보를 주는 것을 넘어서, 읽는 이의 삶에 조금의 도움이라도 됐으면 하는 것이다. 내가 그를 통해 조금 더 나은 사람이 되고자 노력할 수 있었던 것처럼 말이다.